穿 行　诗 与 思 的 边 界

Duft der Zeit

Ein philosophischer
Essay zur Kunst des Verweilens
—
Byung-Chul Han

时间的香气

驻留的艺术

[德]韩炳哲———著

吴琼———译

毛竹———校

中信出版集团｜北京

图书在版编目（CIP）数据

时间的香气：驻留的艺术 /（德）韩炳哲著；吴琼译 . -- 北京：中信出版社，2024.5
ISBN 978-7-5217-6457-4

Ⅰ.①时… Ⅱ.①韩… ②吴… Ⅲ.①哲学－文集 Ⅳ.① B-53

中国国家版本馆 CIP 数据核字 (2024) 第 060009 号

时间的香气：驻留的艺术

著者： [德] 韩炳哲
译者： 吴 琼
校者： 毛 竹
出版发行：中信出版集团股份有限公司
　　　　　（北京市朝阳区东三环北路 27 号嘉铭中心　邮编　100020）
承印者： 嘉业印刷（天津）有限公司

开本：787mm×1092mm 1/32　　　印张：5.75　　字数：88 千字
版次：2024 年 5 月第 1 版　　　　印次：2024 年 5 月第 1 次印刷
京权图字：01-2024-1695　　　　　书号：ISBN 978-7-5217-6457-4
定价：58.00 元

目　录

前　言

Vorwort

如今的时间危机并非加速。加速的时代早已过去。目前我们认为的加速，只是时间涣散的症状之一。今日的时间危机源于一种导致各类时间障碍和错误感知的时间紊乱。时间缺乏有序的节奏，陷入失调状态。这种紊乱让时间仿佛在飞驰。人们感觉生命在加速，实际上是在感知一种无头苍蝇般乱飞的时间。

这种时间紊乱并非强制加速的结果，其首要原因是时间的原子化，这也是为什么人们感觉时间的流逝比以往快得多。时间涣散导致人们不可能去经验何为持存（Dauer）。没什么能让时间驻足。生命不再被嵌入能创建持存的秩序体或坐标系中。即使人们所认同的事物也是昙花一现，如此一来，人们自己也变得极为短暂易逝了。生命的原子化伴随着一种同一性的原子化。人只有自己，即小我。人们似乎彻底放下了空间和时间，甚至放下了世界，放下了（与他人）共在。这种避世是一种时间紊乱现象，它让人类萎缩成一个小小的身体，并用尽一切手段维持健康，否则人们就一无所有了。这个脆弱的身体健康与否取代了世界和神。没什么能敌得过死亡。因此，"死"对如今的人们来说殊为不易。人们未老而先衰。

本书从历史角度系统地追溯时间紊乱的原因和症状，同时也将思考其治愈的可能性。虽然也涉及异质时间（Heterochronie）和乌托时间（Uchronie），但本书并不局限于找出并恢复这些非比寻常、与众不同的"持存之地"。相反，笔者通过回顾历史提请人们注意，必须换一种方式理解日常生活，以避免陷入时间危机。笔者缅怀的并非"讲述的时间"。讲述的终结，或故事的终结，并不一定意味着时间上的空白。相反，它有可能开启一种无关神学和目的论的、散发自己独特香气的生命时间。然而，它的前提是让"沉思的生活"复苏。

如今的时间危机也与"积极的生活"之绝对化有关。它导致一种劳动律令，该律令将人类降级为"劳动动物"。

日常的过度活动剥夺了人类生命中所有的沉思元素与驻留能力，导致人类损失世界与时间。那些所谓的减速策略并未克服时间危机，它们甚至掩盖了真正的问题。人们要做的是让沉思的生活复苏。时间危机只有在"积极的生活"再次将"沉思的生活"纳入己身时才会被克服。

非-时间

Un-Zeit

> ……一些持久的事物……在踌躇之际。
>
> ——弗里德里希·荷尔德林

尼采笔下的"最后之人"（letzter Mensch，或译"末人、末等人"）竟有着惊人的现实意义。"最后之人"已然非常"注重"健康，如今被上升为绝对价值，甚至被奉为一种信仰的东西。[1] 此外，他还是一个享乐主义者，因此他"白天有白天的小兴味，夜晚有夜晚的小兴味"。感官与渴望让位于兴味与消遣："'爱是什么？创造是什么？渴望是什么？星是什么？'——末人这样问着，眨眨眼睛。"对他来说，这漫长、健康但却无事发生（ereignislos）的人生，终究变得难以忍受。因此，他吸食毒品并最终死于毒品："偶尔吸一点点儿毒：可使人做舒服的梦。最后，吸大量的毒，可导致舒服的死亡。"矛盾的是，他企图凭借严苛的健康策略无限延长的生命却提前终结了。他并非死去（sterben），而是在错误的时间丧命（verenden）。

不能在恰当的时间死去的人，势必会在错误的时间丧命。死亡的前提是郑重其事地完结生命，它是一种闭合形式（Schlußform）。如果生命被剥夺了一切有意义的闭合，那么它就会在错误的时间结束。在这样一个闭合与完结让位于无休止、无方向的延续，让位于永恒的未完成和新开始的世界里，或者说在这样一个生命没有完结成一个形象、一个整体的世界里，死亡是很困难的。如此一来，生命的轨迹便在错误的时间中断了。

人们普遍没有能力去闭合、去完结，这也是造成今日之加速的原因之一。时间横冲直撞，因为它无处闭合，无处完结，因为没有时间引力将其稳固。加速实则是时间堤坝决堤的表现。用来约束时间的河流，令其表达清晰、节奏匀整，能够给予时间一个依靠（Halt），一个美妙的双重意义上的Halt，以拦阻时间、稳住时间的堤坝已然不复存在。当时间失去所有的节奏，永不停歇、毫无方向地肆意奔流之时，所有恰当的或美好的时间便消失了。

与不合时宜的丧命相反，查拉图斯特拉呼唤一种全然不同的死法："好多人死得太晚，而有些人死得太早。'在恰当的时间死亡吧！'这句教言听起来还有点儿奇怪。在恰当的时间死亡：查拉图斯特拉如此教导人们。当然，并未在恰当的时间诞生的人，怎能叫他在恰当的时间死亡？"[2] 人们已经彻底丧失了对恰当时间的感受力。它让位于"非时间"，即不恰当的时间。死亡也像小偷一样来得不合时宜："但是对于战斗者和胜利者同样感到可恨的，乃是你们的狞笑的死亡。他像个小偷蹑手蹑脚走来——可是却像主子一样光临。"任何自愿的、将死亡郑重其事地纳入生命的死亡都是不可能的。尼采设想的是一种"圆满的死亡"，与不合时宜的丧命相反，"圆满的死亡"积极地塑造生命本身。查拉图斯特拉反对那些长寿的"搓绳子的人"（Seildreher），他提出自己的自愿死亡理论："我要指点你们圆满的死亡，它对于活人会是一个刺痛、一个许愿。"异曲同工的还有海德格尔的"自由的为死存在"（Freisein für den Tod）。当死亡被作为一种塑造生命、使生命圆满的力量纳入当下，纳入生命之中时，死亡便摆脱了其不合时宜性。[3]

无论尼采的自愿的、圆满的死亡，还是海德格尔的自由的为死存在，都有赖于时间的引力，有了它，过去和将来才能将当下囊括或包裹其中。这种时间的张力将当下从无休止、无方向的连续性中释放出来，并赋予其意义。恰当的时间或恰当的时间点只有在一种时间张力关系中，才能在定向的时间中产生。与此相反，在原子化的时间中，每一个时间点彼此相同。没有什么能让一个时间点区别于其他。时间的崩解使死亡涣散为丧命。"死"终结了作为无方向延续中的当下而存在的生命，而且是在不恰当的时间。因此，死亡对于如今的人们来说才如此困难。尼采和海德格尔都反对这种时间的崩解，只因它将"死""去时间化"（entzeitlichen）为不合时宜的丧命："有一个目标（Ziel）和一个继承人（Erbe）的人，他愿意为了目标和继承人在恰当的时间死亡。出于对目标和继承人的尊敬，他不会再把萎谢的花环挂在生命的圣殿里。确实，我不愿像那些搓绳子的人：他们把绳子搓长，而他们自己却越来越往后退。"[1][4]

尼采极力突出"继承人"与"目标"。他显然没有意

---

[1]   译文参照尼采：《查拉图斯特拉如是说》，钱春绮译，北京，生活·读书·新知三联书店，2007 年，第 78 页。

识到上帝之死的全部意义。归根结底，其后果还包括历史的终结，即"继承人"和"目标"的终结。上帝的作用就如同一个时间稳定器，他确保一个持续的、永恒的当下。因此，上帝之死将时间"点化"（punktualisieren），使时间失去所有神学的、目的论的、历史的张力。当下缩减为一个转瞬即逝的时间点。继承人与目标也从中消失了。当下身后不再拖着过去与将来的长尾。上帝已死，面对来临中的历史之终结，尼采艰难地尝试重建时间张力。"同者的永恒回归"思想所表达的不仅仅是"命运之爱"（amor fati）。这恰恰是尼采为恢复命运、恢复命运的时间所做的尝试。

　　海德格尔的"常人"（Man）[5]延续了尼采的"最后之人"。他赋予"常人"的属性无疑也适用于"最后之人"。尼采是这样描述他的："人人都想要同样的东西，千人一面：谁与众不同，谁就会自动进入疯人院。"海德格尔的"常人"也是一种时间现象。时间的崩解伴随着与日俱增的大众化与同质化。本真生存、个性彰显使"常人"即"大众"（Masse）无法顺利运作。生命过程的加速阻碍了与众不同的形式形成，事物不能区别于彼此，无法发展其独特的形式。它们缺少成熟的时间。从这一角度看，尼采的"最后之人"

与海德格尔的"常人"别无二致。

　　为防止时间崩解为由点状当下构成的单纯序列，海德格尔也呼唤"遗产"（Erbschaft）与"承传"（Überlieferung）。一切"好东西"都是"遗产"[6]。本真生存以"遗产的承传"为前提。它是一次"重复"，一次"与曾在此的生存的可能性……对答"的重复。[1][7]"遗产"与"承传"必须创建一种历史的连续性。面对接踵而来的"新东西"，人们呼唤的是"旧东西"。海德格尔的《存在与时间》尝试在历史即将终结之时重建历史，而且是以一种"空的形式"，一种无内容的、仅强调其时间塑形力的历史。

　　如今，凡有时限的事物都比以往更快地过时。它们飞速成为过去式，不再是人们关注的对象。当下缩减为"现时的风口浪尖"，它不再持存。面对"点状的、无历史的当下"之掌控，海德格尔已然呼吁一种"今天的去当下化"[8]。当下的缩减，或者持存性的消失，并非如人们臆想的那样是由加速造成的。[9]二者之间的关系比人们想象的要复杂得多。时间如雪崩般倾泻而下，恰恰是因为它本身不再有依靠。一

1　译文参照海德格尔：《存在与时间》，陈嘉映、王庆节译，北京，生活·读书·新知三联书店，2014年，第147页。本书涉及《存在与时间》的译文，均参照该译本。

个个当下点之间不再有时间引力，它们导致了时间的奔流，导致了过程的无方向加速，或许这种没有方向的加速已经不再是加速。真正的加速必须有定向的轨道才行。

真理本身就是一种时间现象。它反映的是持续的、永恒的当下。时间的奔流，日益缩减、转瞬即逝的当下掏空了真理。经验（Erfahrung）也基于时间的延伸，基于时间视野的交叠。对于经验主体来说，过去之事物并非简单消失或被丢弃。相反，它对其现在、对其自我理解仍举足轻重。告别并未冲淡曾经之事的存在，它甚至使其更加刻骨铭心。人们挥别的事物也并未与经验的当下一刀两断，它们仍然交织在一起。经验的主体必须为来者，或说为将来的令人讶异者与不确定者保持敞开的姿态。否则，它就会僵化成只是耗时间做工的工人。工人是一成不变的。改变会影响工作流程的稳定性。与此相反，经验的主体却从未停止变化。它栖身于过去与将来的过渡之中。经验的时间跨度很长，它是长期的，而体验（Erlebnis）则截然相反，是点状的、短暂的。

与经验一样，认识（Erkenntnis）也是长期的。它同时从过去和将来汲取力量。只有在这般时间视野的交叠中，知识（Kenntnis）才能凝聚为认识。这种时间上的凝聚也使认识区别于信息，信息似乎是脱离时间的、不受时间限制的。基于这种时间上的中立性，信息可以被保存，被任意调取。如果事物被剥夺了记忆，它们就变成信息甚至商品，被转移至脱离时间的、非历史性的空间。在保存信息之前，先要抹去记忆，抹去历史性的时间。当时间崩解为由点状当下构成的单纯序列时，它也就失去了所有的辩证张力。辩证法本身就是一个鲜明的时间事件。辩证的运动有赖于时间视野的纵横交错，即"已然"（schon）的"未然"（Noch-Nicht）。隐隐存在于每一个当下的东西使当下脱离自身并运动起来。辩证的驱动力产生于"已然"与"未然"之间、曾经与将来之间的时间张力。辩证过程中的当下充满张力，而如今的当下却毫无张力。

缩减为现时之风口浪尖的当下也在行动层面提高了非-时间性。例如，承诺、约束或忠诚原本就是时间性的实践。它们将当下延伸至将来，并将两者交织在一起，从而捆绑住将来。它们通过这种方式产生一种具有稳定作用的时间上的连续性。这种连续性保护将来免受非-时间所带来的暴力。当长期约束（也会是一种闭合的形式）之实践让位于日渐增加的短期性时，非-时间性也会随之增加。这种非-时间性在心理学层面表现为恐惧和不安。与日俱增的非连续性，时间的原子化，摧毁了连续性经验。世界因而变得不合时宜。

与充实的时间相对立的，是被拉伸为一个空的持存（eine leere Dauer）的无始无终的时间。这种空的持存并非与时间的奔流相对，而是与之毗邻。它似乎是一种无声的形式，或说是加速运转的否定形式，是当人们无所事事时多余出来的时间，是"空转"的时间形式。无论是空的持存，还是时间的奔流，都是去时间化的后果。"加速运转"的不安延长至睡眠。在夜里，它以失眠的空的持存形式大行其道："在失眠的夜晚，那些折磨人的时间总是无穷无尽，黎明遥不可及，我们试图忘记空的持存却徒劳无功。但更可怕的是，在另一些时候，时间似乎在迅速缩短，怎么拦也拦不住。……但在时间的收缩中所揭示的，却是时间的延长。经验的力量打破了持存的魔咒，将过去和将来聚集到当下，那么，在令人讨厌的失眠夜，失眠得越久，就越会感到恐惧。"[10] 阿多诺所说的"慌忙失眠的夜晚"并不荒谬，因为慌忙与空的持存是同源的。白日的慌张以空的形式掌控着夜晚。时间被剥夺了所有依靠、所有能维持住它的引力，它倾泻而下，匆匆流逝，不可阻挡。这时间的奔流，这恣意流淌的时间，将夜晚转化为空的持存。暴露于空的持存是不可能有睡眠的。

空的持存是一种未表达的、无定向的时间，其中既没有内涵丰富的"之前"，也没有内涵丰富的"以后"，既无回忆也无期待。面对时间的无休无止，人类短暂的生命形同虚无。死亡是一种暴力，在不恰当的时间从外部结束生命。人提前丧命于不恰当的时间。倘若死亡是一种产生于生命本身，或说生命时间本身的闭合，那么它便不再是暴力了。只有这样的死亡，才有可能使人从生命本身活到其闭合，并在恰当的时间死去。唯有闭合的时间形式才能对抗糟糕的无休无止，产生一种持存，一种内涵丰富的、充实的时间。即便良好的睡眠终究也是一种闭合形式。

普鲁斯特的《追忆似水年华》，其开头极具特色："在很长一段时期里，我都是早早就躺下了。"德语译本中将"美好时光"（*bonne heure*）完全省略了。这是一个关于时间和幸福（*bonheur*）的意义深远的词组。与美好的时间相对立的是糟糕的无休无止，是空的或说不美好的持存，在这样的时间里入睡是不可能的。时间的奔流，时间的极度非连续性，也不允许记忆的存在，导致令人痛苦的失眠。然而，小说的开篇几个段落，展现的却是一种令人愉悦的关于连续性的经验。作者描绘了他如何在睡眠、梦境与苏醒之间，在由记忆与感知画面构成的愉悦流动中轻松飘荡，如何在过去与现在之间，在固定秩序与嬉戏的混乱之间自由穿梭。对主人公来说，时间不会崩解为空的持存。

　　睡眠者更像是一个游戏玩家、一个漫游者，也是时间的主人："一个人睡着时，身边萦绕着时间的游丝，岁岁年年，日月星辰，有序地排列在他的身边。"[1][11]虽然偶尔也会出现混乱与恼怒，但其结局并非灾难性的。总有"善良的信念天使"现身帮忙："……等我半夜梦回，我不仅忘记是在哪里睡着的，甚至在乍醒过来的那一瞬间，连自己是谁都弄不清了。……随后记忆像从天而降的救星，把我从虚空中拯救出来。……如果没有记忆助我一臂之力，我独自万万不能从冥冥中脱身；在一秒钟之间，我飞越过人类文明的十几个世纪，首先是煤油灯的模糊形象，然后是翻领衬衫的隐约轮廓，它们逐渐一笔一画地重新勾画出我的五官特征。"[12]

1　译文参照普鲁斯特：《追忆似水年华 I：在斯万家那边》，李恒基、徐继曾译，南京，译林出版社，2012 年，第 5 页。本书涉及《追忆似水年华》的译文，均参照该译本。

我耳畔响起的不是从外面传来的无关紧要、无可名状的响动，或者钟表发出的异常响亮的嘀嗒声——这些对于失眠、对于空的持存来说都是很典型的，而是一些悦耳的声音。黑夜也仿佛万花筒一般五彩斑斓、生气勃勃："我又睡着了，有时偶尔醒来片刻，听到木质家具的纤维咯咯地开裂，睁眼凝望黑暗中光影的变幻，凭着一闪而过的意识的微光，我消受着笼罩在家具、卧室乃至一切之上的蒙眬睡意……"[13]

如果有人认为如今生命进程的加速是出于对死亡的恐惧，那就大错特错了。其论据如下："正如已经阐明的，加速是对有限的生命时间，或说在世俗文化中的世界时间和生命时间的崩解所做出的一个容易理解的回应策略，这个策略意味着最大限度地享受世界所提供的选择和完美开发自身的设施，以及实现与之相关的充实人生的理想，这些都是成功人生的典范。如果能够以双倍速生活，就能够实现双倍多的世界上所提供的可能性，并因此似乎在一个人生中进行着两个生活；如果有人能够无限地快，那么他的寿命就接近于世界时间或者世界上的选择性之无限的地平线了，因而这个人就能够在一个单独的世俗的人生中实现大量的生命的可能性，并且因此就不再需要担心作为选择的终结者的死亡了。"[14] 以双倍速过生活的人，就能充分享受双倍多的人生选择。加快生命节奏可以使生命倍增，从而更接近充实生命的目标。然而，这种计算是幼稚的。它建立在将充实（Erfüllung）与单纯的充足（Fülle）混为一谈的基础之上。充实的生命不能用集合理论来解释。它并非产生于生命充满各种可能性。"讲述"（Erzählung）也并非自动产生于对事件进行逐一"计数"（Zählen）或"清点"（Aufzählen）。它的前提是有意义的独特综合。一长串的事件并不能构成引人入胜的故事。与此相反，一部短篇小说能铺陈高度的叙事张力，而一段短暂的人生也能达成充实生命的理想。

　　这种加速论并未认识到真正的问题，即如今的生命已经失去了以有意义的方式完结的可能性。行色匆忙与精神紧张现象恰恰归因于如今这样的生命。人们不断地重新开始，在生命的各种可能性中转换频道，正是因为人们不再拥有完结一种可能性的能力。没有故事，没有有意义的整体来充实生命。为了生命的最大化而将其加速的说法极具迷惑性。看得更仔细一点就会发现，加速的本来面目是一种神经不安，让生命从一种可能性倏而飞往另一种可能性。它永不安宁，即永不完结。

　　如今，有关死亡的另一个问题是生命的彻底个体化或原子化，这使得生命更加无止无休。能成就其持存性的宽度越来越从生命中流失。它本身包含很少的世界。生命的原子化使其彻底变得死气沉沉。正是这种独特的将死之气导致了不安与匆忙。乍看之下，这种精神紧张可能会让人觉得一切都在加速。但实际上生命并没有真正加速，它只是变得更加匆忙、混乱，更加没有方向。因其涣散，时间不再具有有序力量。如此一来，生命中就不再有使其特色鲜明的、决定性的停顿。生命时间就不再为阶段、终点、门槛和过渡所切分。相反，人们急匆匆地从一个当下去往另一个当下。如此一来，人们未老，便已先衰。最终，人们丧命于不恰当的时间。正因如此，如今的死亡比以往任何时候都艰难。

无香的时间

Zeit ohne Duft

因为天空中再无不朽的事物……

——弗里德里希·荷尔德林

神话世界内涵丰富。众神无异于不朽的意义载体。他们让世界变得意味深长、内涵丰富，变得很有意义。他们讲述着事物与事件之间如何相互关联。他们所讲述的关联创建了意义。讲述从虚无中产生世界。满天神佛意味着满满的内涵、满满的讲述。世界仿佛一幅图画。人们只需让目光来回逡巡，就能从中读出意义，读出有意义的秩序。万物皆有其位置，即在固定的秩序——宇宙（cosmos）中有其意义。倘若某物偏离了原本的位置，就要被移正。时间会为它校准，时间就是秩序，时间就是正义。如果一个人擅自移动事物，他便是悖逆的。时间会校正这种悖逆，它重建永恒的秩序。它是正义的（*diké*）。事件之间也存在固定的关系，构成一条有意义的链。没有任何事件可以脱离这条链。每个事件反映的都是世界上不朽的、永恒的实体。这里不存在导致有效秩序改变的位移。在"永恒回归"的世界里，加速根本不会有任何意义。有意义的只有同者的不断重复，或说曾经之事物、不朽之真理的复制。史前人类就是这样生活在持续的当下。

历史世界则基于完全不同的前提。它不仅仅如一幅已完成的画作一般，向观赏者揭示不朽的实体、不变的秩序。事件不再被安置在静止的平面上，而是被安置在连续的线路上。时间以线性方式蜿蜒前行，将事件连接在一起，从而释放出内涵。使时间变得有意义的不是同者的永恒回归，而是变化的可能性。一切都是过程，要么意味着进步，要么意味着衰退。就这一点而言，历史性时间的意义在于它是定向的。时间线有固定的前进方向，有一定的句法。

历史性的时间对持续的当下没有概念。事物并非固守于不可动摇的秩序中。时间不是回溯的，而是前进的；不是去重复，而是去追赶。过去与将来渐行渐远。时间的意义不在于其同一性（Selbigkeit），而在于其差异性，时间是一种变化、一个过程、一段发展。当下本身没有实体。它只是一个过渡点。一切未然，一切将然。万事万物都在变化。同一者（das Selbe）的重复让位于事件。运动和改变并未造成无序，而是带来另一种秩序，或说新的秩序。时间的意义来自将来。以将来为导向创造出一种向前的时间引力，它也会产生加速效应。

历史性的时间是一种线性时间，它的进行方式或显现方式却多种多样。历史性的时间形式预示着一种进步，而末世论的时间却与之大相径庭。后者作为最后的时间，指的是世界末日。末世为时间的终结、历史本身的终结拉开序幕。人类与将来的关系，其特征是被抛状态（Geworfenheit）。末世时间不允许行动（Handlung）、筹划（Entwurf）的存在。人并不自由，他受制于神，不能将自己筹划至将来，不能筹划自己的时间。相反，他被抛向结局，世界与时间的最终结局。人不是历史的主体。神才是审判者。

"革命"（Revolution）一词最初也有着全然不同的含义。它虽然是一个过程，但也并未脱离回归与重复的一面。最初，*revolutio* 意指星体的运行。将其应用于历史范畴，则指的是少数统治形式的周期性循环往复。历史进程中发生的改变被纳入一个循环之中。决定历史进程的不是进步，而是重复。另外，人也不是历史的自由主体。即便现在，决定人与时间关系的也不是自由，而是被抛状态。并不是人发动革命。相反，人受制于革命，就像星体受制于运行规律。时间的特征是自然常数。时间即实事性（Faktizität）。[1]

启蒙运动时期出现了一种关于历史性时间的独特理念。与末世论的时间理念截然相反，它的基础是一个开放性的将来。其时间性特征不是"向终存在"（Sein zum Ende），而是"向新启程"（Aufbruch ins Neue）。这种时间有其内涵和自己的分量。它不会无助地冲向末日，也没有实事性，没有自然常量迫使它周期性重复。如此一来，"革命"就获得了完全不同的含义。它不再被设想成恒星的圆周运动。决定其时间性的不是事件的周期性运行，而是一种线性的、进步的过程。

启蒙运动时期的时间理念摆脱了被抛与实事性。时间既被去实事化（defaktifiziert），又被去自然化（entnaturalisiert）。自由决定着人与时间的关系。人既没有被抛入时间的尽头，也没有被抛入事物的自然循环。现在，自由理念，"人类理性进步"[2]之理念，赋予历史灵魂。时间的主体不再是那个审判一切的神，而是为自己筹划将来的自由的人。时间不是命运，而是筹划。决定人与将来关系的不是被抛状态，而是"可制作性"（Machbarkeit）。制造（produire）革命的是人。如此一来，"革命化"和"革命者"等概念才有了存在的可能。它们都指向"可制作性"。然而，这一"可制作性"理念却动摇了世界的稳定性，或说时间本身的稳定性。那个在很长一段时间里都作为永恒当下的创造者，全方位起到稳定作用的神，逐渐从时间中消失。

对可制作性的信仰早在16世纪就引发了自然科学领域令人瞩目的创新浪潮。技术革新的时间间隔越来越短。培根的名言"知识就是力量"恰恰反映了人们对"世界的可制作性"的信仰。政治革命与工业革命息息相关。是同一种信仰赋予它们灵魂，并将它们向前推进。1838 年，《布罗克豪斯百科全书》的"铁路"词条，以一种英雄式的论调将工业革命与政治革命融汇在一起。在该词条中，铁路被颂扬为"蒸汽凯旋之车"[3]。

启蒙时代的革命建立在去实事化的时间之上。摆脱了所有被抛状态，所有自然的或神学的强制，时间犹如脱困的蒸汽巨兽，向着期待救赎的将来大步前行。它从末世时间理念那里继承了目的论。历史仍然是一部救赎的历史。由于目的在将来，进程的加速便有了意义。正如罗伯斯庇尔在 1793年的制宪会议上所说："人类理性的进步为这场伟大的革命铺平了道路，而你们有责任加速这场革命。"[4]

时间的主人不是神，而是自由的人。当人摆脱了被抛状态，便可以筹划将来之事。然而，上帝与人的这番政权更迭是有后果的。它破坏了时间的稳定性，因为上帝是赋予现行秩序终极有效性，为其加盖永恒真理之印章的权力机关。他代表一种持续的当下。经过此番政权更迭，时间失去了面对变化时能产生抵抗的依靠。毕希纳的革命剧《丹东之死》所展现的就是这一经验。剧中女主人公嘉米叶大声疾呼："那些一般的、被人们誉为健康之理性的固定理念，都无聊得让人难以忍受。最幸福的人是能够把自己想象成上帝、圣父、圣子和圣灵的人。"[5]

历史性的时间会向前疾驰，因为它不停留于自身，因为它的重心不在当下。它不允许（自己）驻留。驻留只会拖延前进的进程。没有任何持存性能放慢时间的脚步。只要朝着目标前进，时间就是有意义的。这样，加速才有意义。然而，由于时间的重要意义，人们并不会领悟到加速的意义。首先被看到的是历史的意义。只有当时间失去历史重要性，失去意义，人们才不由得认为加速有意义。正是在时间向无意义的将来奔流之际，加速才成为一个专门的主题或问题。

神话里的时间静谧如一幅图像，而历史性的时间像一条线，朝着目标奔跑或疾驰。倘若这条线失去了叙事的或目的论的张力，它就会崩解为无方向乱飞的点。历史的终结将时间原子化为点状时间（Punkt-Zeit）。过去，神话让位于历史，静态的图像变为连续的线段。如今，历史则让位于信息。信息不具备叙事的长度或宽度。它们既不集中，也无定向。它们仿佛朝我们倾泻过来。历史照亮、筛选、引导着纷繁复杂的事件，将它们约束在一条叙事的、线性的轨道上。历史的消失会导致无方向飞驰的信息与事件的蔓生。信息不会散发香气。在这一点上它是区别于历史的。与鲍德里亚的论点相反，信息之于历史并不像日臻完美的模拟之于原版或起源。[6] 信息更像是一种新的范式，其中蕴含着一种全然不同的时间性。它是原子化的时间，即点状时间的一种现象。

点与点之间必然存在空白的间隙，在这里什么事也没发生，任何感知都没有。与此相反，神话的和历史的时间则不允许空隙产生，因为图画的线段是没有间隙的。它们形成了叙事的连续性。只有点与点之间才会产生空白的空间。无事发生的间隙导致了无聊。或者说，它们是很危险的，因为在没有任何事件发生的地方，在意向性遭遇虚无的地方，就是死亡。如此一来，点状时间就不得不去排除或者缩短空白的间隙。为了让空白的间隙不多作逗留，人们试着让感知更快地一个接一个连续发生。一个个片段或事件的发生越来越快直至病态，而这样的加速，蔓延至生活的一切领域。由于缺乏叙事张力，原子化的时间无法持久地吸引注意力。人们不断感知到新的东西或者博人眼球的东西。点状时间不允许沉思驻留。

原子化的时间是不连续的时间。没有任何东西能将事件连接起来，并由此创建一种联系，即一种持存。如此一来，感知就会面对意料之外或突如其来之事，从而产生一种弥漫的恐惧。原子化、孤立以及不连续性之经验也是各种暴力的成因。如今，能创建连续性和持存性的社会结构日渐崩解。原子化与孤立席卷整个社会。诺言、忠诚、责任等社会行为都是时间行为，它们通过约束将来并将其限制在一定视域内以创建持存，然而，这些社会行为正逐渐失去意义。

无论神话时间还是历史时间都具有叙事张力。独特的事件之链塑造了时间。讲述让时间散发香气。与此相反，点状时间是一种没有香气的时间。当时间持存，当它获得叙事张力或深层张力，当它具备深度、宽度甚至空间，它才开始散发香气。当时间被剥夺了所有意义结构及深度结构，当它被原子化，或变得扁平、稀薄、简短，它就失去了香气。如果时间脱离了拦阻它、稳住它的锚，它就会变得不稳定，仿佛失去了固定一般，向前奔流。如今人们津津乐道的"加速"并非随后导致生命世界各种变化的初级进程，而是一种症状，一种二级进程，即失去所有引力约束的、变得不稳定的、原子化了的时间所引发的后果。时间奔流而下，或说匆匆流逝，为补偿存在的大量缺失，但它并未成功，因为加速本身无法产生依靠。相反，它更加凸显了既有的存在之缺失。

历史的速度

Geschwindigkeit der Geschichte

> 他的一生将是一连串断断续续的感觉，没有任何东西能将其联系起来。
>
> ——德尼·狄德罗

现代科技拉开了人与地球的距离。飞机和宇宙飞船将人们剥离地心引力。人们距离地球越远，地球就变得越渺小。人们在地球上移动得越快，地球也就越萎缩。在地球上，任何企图克服距离的举动，都会进一步拉大人与地球的距离，从而使人类与地球变得疏远。互联网和电子邮件让地理甚至地球本身消失了。电子邮件上没有能说明从何处发出的识别标签。它没有空间。现代科技使人类的生活失去了地域性。海德格尔的"根基持存性"（Bodenständigkeit）哲学就是尝试将人类再大地化、再实事化。

让·鲍德里亚用一幅（人类）身体的图片来阐释历史的终结，图片中人利用加速度挣脱地心引力："通过这张图片，人们可以想象一下，现代的、技术的、事件的、媒体的加速，以及一切经济、政治和性方面的交换行为的加速，使我们进入了这样一种解放速度（Befreiungsgeschwindigkeit），以至于我们飞出了现实与历史的引力空间。"[1] 鲍德里亚认为，为了能让事件凝固或凝聚成历史，"某种缓慢"是很必要的。鲍德里亚人体加速的图片表明，恰恰是加速导致了历史的终结，导致意义流失这一极具威胁性的状况。

有一种猜测可以帮助人们很好地理解，在加速的涡轮中，事物被甩出有意义的引力空间，崩解成碎片，成为孤立的现实粒子（Partikel des Realen），在被清空意义的空间里飞驰。一种源自黑暗的巨大动能将事物从其运行轨道中撕扯出来，即撕扯出其意义关联："这种引力将个体维持在其运行轨道上，在这种引力的有效范围之外，一切意义-原子都消失在世界空间中。每一粒原子都沿着自己的轨道运行至无休止处并消失在太空中。这正是我们在当今社会中所经历的，当今社会致力于将所有个体、消息和过程向所有可能的方向加速……每一个政治、历史和文化事实都被赋予一种动能，使其从自身空间中被撕裂出来，将其甩进超空间，在那里，它们失去了所有意义……"[2] 原子在加速的涡轮中被甩向所有可能的方向，并由此被撕裂出具有包裹性的意义关联，这种形象并不完全正确。它暗示了加速与意义损失之间的一种片面的因果关系。二者之间固然存在相互作用的可能性，这一点毋庸置疑，但假设一种"粒子加速器"破坏了事物运行的轨道（在该轨道上事物之间有固定的联系），这是不恰当的。

　　加速并非意义消失的唯一可能解释。人们必须思考另外一种全然不同的场景。将事物维持在其固定运行轨道的地心引力慢慢地消失。挣脱意义关联的束缚，事物开始无方向地飘荡或飞驰。或许从外部看来，事物仿佛凭借加速而挣脱了地心引力的束缚，而实际上它们却是因为意义引力的缺失而脱离了地球，（事物）之间也相互远离。"意义原子"（Sinnatome）这一提法也有误导性，因为意义并非原子的。原子只能产生无意义的力量。只是因为缺乏引力，事物才被孤立成被清空意义的原子。事物不再被维持在那条将其装入一个意义关联的运行轨道上。如此一来，它们便解体为原子，在无意义的"超空间"中飞驰。导致意义损失的不是将事物甩离"现实与历史之关联空间"的"解放速度"，而恰恰是缺失的或者微弱的引力。引力的缺失带来一种属于存在的新条件、新局面，如今的各类现象皆可归因于此。加速只是诸多现象之一。事物的运行轨道给了它们方向，即意义，轨道的消失也会导致与加速相对立的现象的产生，即事物的停滞。

鲍德里亚自己也注意到，除了加速以外，缓慢也有可能导致历史的终结："物质（Materie）会延缓时间的流逝。更确切地说，在高密度个体的表面，时间貌似流逝得更慢。……这团东西，这种惰性的社会物质，并非产生于过少的交通、信息和交际，相反，它恰恰产生于过多的中转站，产生于信息的过度饱和等。它产生于城市与市场、消息与循环的高度凝聚。它是社会的寒星，历史在这团东西周围冷却了。……最终，它将停滞并消亡，就像光和时间接触到无限密集的物质时一样……"[3] 在这里，鲍德里亚再次将历史的终结和速度问题联系起来。社会、经济循环过快或过慢都会使历史消失。因此，历史或意义的产生，其前提都是一种特定的交换进程速度，既不能太快，也不能太慢。速度过快会使意义涣散，而速度过慢则会导致拥堵，扼杀一切运动。

然而，在实际上，历史在面对社会、经济交换进程的速度变化时并不是特别敏感。速度本身对历史性意义的产生并没有那么大的影响。时间振荡更多地是由不稳定的运行轨道和消失的引力本身造成的。这不仅包括加速，也包括减速。事物之所以加速，是因为它们没有依靠，没有任何东西将它们维持在一个稳定的轨道上。该轨道的特别之处在于其选择性，只有特定的事物才能被其捕获，因为它很狭窄。如果历史的叙事轨道完全崩解，事件和信息就会堆积。万事万物一股脑儿涌进当下。如此一来，当下就会产生拥堵，从而减缓速度。然而，这种拥堵并非加速效应。使事件和信息堆积的，恰恰是具有选择功能的轨道的消失。

虽然，鲍德里亚认识到，历史的终结不仅与加速相关，也与减速相关，但他将意义损失直接归罪于速度。不仅是他，很多其他人也忽略了，加速和减速是一个更深层过程的不同表现形式。因此，人们错误地认为，停滞状态也是普遍加速的结果："社会加速与社会凝滞，这两个貌似矛盾重重的时间诊断其实只有乍看上去是相反的。在'飞速的停滞'（der rasende Stillstand）这个让人印象深刻的比喻中……二者明显交织成一个后历史性诊断。根据这一诊断，正是事件历史（Ereignisgeschichte）的飞速前进导致了停滞。"[4] 根据这一有问题的论点，减速和停滞状态就是"加速进程本身的一种内在元素和固有的互补准则"[5]。这里错误地假设了"从加速与运动到僵化与停滞的反向辩证法"[6]。停滞状态并非如错误假设的那样，是由于所有人都想在同一时间奔跑，所有杠杆都在同一时间启动。它并不是加速过程的反面。[7] 它的原因不在于运动和行为的加速，而恰恰在于"不再知道何去何从"。正是这种无方向性导致了这两种乍看上去截然相反的现象：加速和停滞。二者本为一体两面。

普遍的去时间化导致能产生意义的时间阶段、终点、门槛和过渡的消失。由于缺乏对时间的明确表达，人们会感觉时间比以往流逝得更快。事件一个接着一个快速更迭，不会刻骨铭心，也不会成为经验，这也进一步强化了时间快速流逝的感觉。由于缺乏引力，事物只是稍纵即逝。没有什么是有分量的。没有什么是深刻的。没有什么是确定的。没有停顿产生。如果不再有可能去决定什么是有意义的，那么一切就都失去了意义。由于相同的接口，即相同的方向过多，事物便极少能得到完结。完结的前提是条理清晰的、有机的时间。相反，在开放的、无休止的过程中，没有什么能走向完结。"未完成"成为一种持存状态。

那些将加速解释为现代性之主要驱动力的加速理论是很成问题的。这些理论猜测，速度的升级无处不在，甚至认为，加速现象在现代主义文学作品中也越来越有迹可循，在结构层面表现为叙事节奏的加快："随着小说的进展，时间流逝得越来越快，以至于同样的页数，在一本书最开始的时候仅讲述几个小时的事情，然后是几天，最后是几周，到这部作品结尾的时候，几个月、几年的事情也被压缩在少数几页内容中。"[8] 对叙事逐渐加快的假设源于一种局部的、片面的感知，因为它矛盾地与叙事节奏的减慢甚至接近停滞同步发生。加速与减速共同的根源在于叙事的去时间化。它们是同一进程的不同表现形式。对加速现象的聚焦甚至掩盖了这一进程也会以停滞和减速的形式表现出来。

由于去时间化，叙事没有进展。讲述者长时间地耽搁在最鸡毛蒜皮、微不足道的事件上，因为他没有能力区分重要与不重要。叙事以区分和选择为前提。米歇尔·布托尔的小说《时间表》(*L'Emploi du Temps*) [1] 描绘了这场叙事危机，它也是一场时间危机。叙事的缓慢源于讲述者无法通过有意义的停顿和段落来组织所发生之事。由于缺乏选择性的叙事轨道，讲述者无法决定什么是有意义的。叙事完全失去了节奏。叙事的迟缓与匆忙都是缺乏叙事张力的症状。[9] 叙事找不到可以在缓慢与加速之间和谐转换的节奏。叙事节奏以封闭的时间为前提。时间的涣散不允许事件汇合、聚集成一个封闭的整体，从而导致了时间的跳跃和振荡。大量事件杂乱无章，既引发叙事节奏的加速，也引发其减速。倘若它们涌入当下，叙事就会无遮无拦地倾泻而下。反之，如果它们在一般的"无差别"中逐渐模糊，叙事就会陷入一种慢吞吞的行进姿态。由于缺乏对此种杂乱无章的控制，叙事迷失了方向，并陷入无节拍状态。叙事的加速和减速都可以追溯到这种节拍的缺失。

去时间化让所有的叙事张力消失。被叙述的时间崩解为一个单纯的事件年表。与其说它是被叙述的，不如说它是被列举的。事件没有凝聚成一幅连贯的图画。没有能力达成叙

---

1   中译本参见《曾几何时》，冯寿农、王化全译，桂林，漓江出版社，1991 年；《时情化忆》，冯寿农译，上海，上海译文出版社，2015 年。

事的综合，也可以说是时间的综合，引发了一种同一性危机（Identitätskrise）。讲述者不再有能力将事件聚集在其周围。时间的涣散破坏了一切集中。如此一来，讲述者便找不到稳定的同一性。时间危机是一场同一性危机。由于缺少叙事的张力曲线，故事也不可能以有意义的方式完结。它无休止地从一个事件荡向另一个事件，却没有进展，没有到达。故事只能戛然而止。不合时宜的中断取代了有意义的完结。在《时间表》中，一次离开起到了这个作用，故事不合时宜地中断了："……我甚至再也没有时间记录 2 月 29 日晚上发生的事，它将在我的记忆中渐渐消失，布勒斯顿，我将离开你，垂危的你全身布满我拨旺的火种；我来不及记述 2 月 29 日我觉得那么重要的事，因为时钟上的大针已经垂直，因为我的离开为这最后一句话画上了句点。"[10]

从行进时代到飞驰时代

Vom Zeitalter des Marsches zum Zeitalter des Schwirrens

有一天，教人飞行的人，将会移开所有的界石；由于他的缘故，所有的界石将飞向空中，他将给大地取一个新名字，叫作"轻轻"。[1]

——弗里德里希·尼采

齐格蒙特·鲍曼认为，现代人是朝圣者，步行穿越沙漠般的世界，赋予无形者以形式，赠予片段以连续性，从碎片中制造出整体。[1]现代的朝圣者过着一种"对标项目的生活"（Leben-auf-Projekte-hin）。他的世界是"定向的"[2]。鲍曼所用的"朝圣者"一词并不完全符合现代人类，因为朝圣

---

1 译文参照尼采：《查拉图斯特拉如是说》，钱春绮译，第 224 页。

者在世界之中会感觉到疏离。他在此处（hier）没有"在家"之感。因此，他始终在去往彼处（dort）的路上。在现代性中，这种此处与彼处的差别消失了。现代人前往的不是彼处，而是一个更好的或不同的此处，而朝圣者在此处却看不到进步。他的道路远远称不上"有序"或"安全"。沙漠的特征恰恰是不确定性和不安全性。与沿着既定路线前行的朝圣者截然相反，现代人为自己开山辟路。因此，他更像一名朝着目标进发的士兵，或者一名工人。朝圣者被抛入他的实事之中，而现代人则是自由的。

现代性是一个去实事化的时代，一个自由的时代。它从被抛状态中挣脱出来，而抛掷者或筹划者叫作上帝。去实事化和世俗化基于同样的前提。人类将自己升格为历史的主体，将世界视为可制造的对象。制造取代了重复。自由的定义不是基于实事层面。与此相反，在前现代性中，人沿着既定轨道前行，它就像天体的运行轨道一般周而复始。前现代人将遇见的事物作为预先规定好的事物来接受，或者忍受，觉得自己被抛入其中。他是一个实事性与重复性之人。

现代性虽然不再以神学叙事为基础，但世俗化却并未导致世界的反叙事化。现代性仍然是叙事的。它是一个属于进

步与发展之历史的时代。转向世界之内，人们期待的是在将
来获得救赎。进步或自由的叙事赋予时间本身以意义和内
涵。在人们所期待的将来目标面前，加速是有意义的，是值
得希冀的。它很容易被融入叙事之中。于是，技术进步被铺
上准宗教叙事的底衬。它必须加速将来救赎的到来。如此一
来，铁路被神化为时间机器，更快地将万众期待的将来迎接
至当下："在铁轨上，我们的世纪正朝着光辉灿烂的目标滚
滚前进。我们在精神之路上的狂飙将比在物质空间更为迅
速！那呼啸的蒸汽巨兽粉碎一切或浅薄轻佻或胆大妄为的外
力阻碍，我们希望，它也同样以千钧之势击溃所有企图对其
施以偏见和敌意的精神抵抗。'蒸汽凯旋之车'初踏征程，
还只能缓缓前行！有人竟单凭这一点就妄想阻止它，殊不知
其狂飙之翼会在前进过程中日渐丰满，扫尽那些企图对其命
运之轮横加干涉之徒！"[3]《布罗克豪斯百科全书》中"铁
路"词条的作者将"自主人类"（sich selbst bestimmende
Menschheit）的终极目标与技术进步联系起来。铁路是一台
加速机器，用来帮助人类更快地实现其神圣目标："虽然历
史向来都是按照这一真正神圣的目标来校正方向，但踏着铁
轨上呼啸前行的车轮，它将提早几百年实现目标。"历史作

为救赎史，在以现世进步史为形式的世俗化中幸存下来。现世对幸福与自由的希冀取代了宗教上对救赎的期待。

现代性之意向性是一种项目行为。它是目标明确的。因此，它的行走姿态是朝着目标行进。悠闲地行走或无方向地游荡都不符合其本性。现代人与朝圣者唯一的相同之处就是决断（Entschlossenheit）。最重要的就是坚定的步伐，亟待同步和加速的步伐。产生加速压力的，恰恰就是进步的目的论，即当下与将来之间的差别。如此看来，加速是现代性的一种典型现象。它以线性进程为前提。加速并未给缺乏明确目标的无方向的移动增添任何新的特质。

由于缺乏目的论，在现代性之后或后现代性中产生了全然不同的移动形式和行走姿态。广阔的视野不复存在，人们也不再需要向掌控一切的目标行进。因此，齐格蒙特·鲍曼将漫步与游荡升格为后现代性之独特的行走姿态。现代性朝圣者的后来人是散步者和游荡者。然而，如今的社会不仅缺少漫步的悠闲，也缺少游荡的飘逸。今日生活的特点是慌张、匆忙、不安、紧张以及弥漫的恐惧。人们不是悠然自得地四处漫游，而是匆匆忙忙地从一个事件赶往另一个事件，从一则信息赶往另一则信息，从一幅图像赶往另一幅图像。

这种慌张与不得安宁既无关漫步，也无关游荡。有问题的是，鲍曼几乎将漫步与转换频道当作同一个概念来使用。二者都是用来表达后现代性的无牵无挂和无拘无束："终极的自由受屏幕统治，靠用户界面过活，它的名字叫作 zapping（穿梭）。"[4] 这里被当作讨论基础来使用的自由概念是很成问题的。自由（Frei-sein）并非简单的无牵无挂、无拘无束。让人自由的不是松开纽带、脱离框架，而是系上纽带、进入框架。彻底的孑然一身会令人恐惧和不安。自由（frei）、和平（Friede）、朋友（Freund）等语词中的印欧语系词根 fri 意为"爱"。因此，"自由"的最初含义是"与朋友和爱人相关的"。恰恰是在爱情与友情的关系中，人们才感觉到自由。让人自由的并非了无牵挂，而是牵挂本身。自由是一个极好的关系词。没有依靠也就没有自由。

由于缺乏依靠，如今的生命不容易站稳脚跟。时间的涣散使其失去平衡。它在飞驰。能够为个人时间预算减负的、稳定的社会韵律与节拍已经不复存在。不是每个人都能独立地定义自己的时间。长短不一的时间，其数量日益增多，使个人不胜其扰，也对个人造成过度的刺激。时间预定参数的缺席所导致的并非自由度的增加，而是方向感的丧失。

后现代性中的时间涣散是一种范式转变的结果，不能仅仅将其归因于生命及生产过程的进一步加速。本来意义上的加速是一种真正的现代现象，其前提是一个线性的、目的论的发展进程。将加速升格为所有社会结构变革的主要驱动力，尝试用加速逻辑解释后现代性中的结构转变，这一现代性理论建立在错误的假设之上。加速戏剧（Beschleunigungsdrama）是过去几个世纪的现象。只要加速伴随着叙事，它就是一出戏剧。去叙事化将加速的进程去戏剧化为无方向的飞驰。加速戏剧走向终结，主要是因为事件与信息的传播速度已达到光速。

有人错误地认为，服务于生产与交换过程加速的现代性的独特社会组织形式让位于后现代的组织形式，是因为它们（实际上）阻碍了加速："加速的动态力量似乎会根据其进一步发展的要求，自己去创造它所需的制度和实践形式，又在通过这些制度和实践形式达到速度极限时将其摧毁。从这个角度来看……速度的增加貌似才是（现代）历史真正的驱动力。"[5] 根据这一论点，在现代性中服务于推动交换过程的稳定的个人信息，会从某一个特定的速度开始，因为其灵活性的缺失而被放弃。因此，现代性之后，或说后现代性的所有社会结构变化，如制度的侵蚀和社会结构的原子化，都是现代性中剧烈加速的直接后果。有人假设，"从时间结构的原因来看，现代性实际上正在某种特殊意义上向后历史阶段过渡，从而向后政治阶段过渡"[6]。根据这一不当论点，后现代的去叙事化完全是由生命及生产过程的强行加速引起的。然而，事实恰恰相反，其始作俑者是时间引力的缺失，这一缺失让生命失去了平衡。如果生命完全失去节奏，就会出现时间紊乱。去叙事化的症状之一就是隐约觉得生命在加速，但实际上没有任何东西在加速。更确切地说，这是一种疲于奔命之感。真正的加速是以定向的过程为前提的。去叙事化产生的却是一种不定向的、无方向的运动，一种不在乎加速与否的飞驰。叙事张力的消失导致时间无方向飞驰，因为它们再也不被牵引至叙事轨道。

当人们必须不断重新开始，不断选择新的选项或版本，就有可能让人产生一种生命在加速的印象。但实际上人们缺乏对于持存的经验。如果一个持续进行的、由叙事逻辑决定的过程被加速，那么这种加速并不会被强加给感知。它会被过程的叙事意义大大吸收，不会被特别感知为干扰或负担。时间的流逝比以往快得多这一印象也源自此种情况，即如今人们没有能力驻留，对于持存的经验也非常罕见。人们错误地认为，疲于奔命之感是建立在"害怕错过"的基础上："害怕错过（有价值的）事物，并因此希望加快生命节奏，这些都是正在新时代中发展的文化纲领的结果，这一文化纲领就是，通过加速'尽情享受世界所提供的选择'，也就是说，通过提高体验率（Erlebnisrate）来让各自的生命更加充实，体验更加丰富，从而实现'美好生活'。这一理念中蕴含着文化上的加速承诺，其后果就是主体希望更快地生活。"[7] 实际情况恰恰相反。试图活得更快的人，最终也会死得更快。能让生命更加充实的不是事件的数量，而是对持存的经验。事件纷至沓来之际，是不会产生任何持续性事物的。充实与意义无法以集合论的方式来阐释。没有长度与缓慢的快速度过的生命，由短暂、短期和短命的体验所决定的生命，无论其体验率可能有多高，它本身都是短暂的人生。

将来的行走姿态会是怎样的？朝圣者的时代，或行进的时代已经彻底过去了。人类会在短暂的飞驰阶段之后以行走者的身份重返地球呢？还是会彻底离开地球的沉重、劳动的沉重，发现漂浮的轻盈，在闲情逸致中飘忽漫游的轻盈，发现漂浮的时间之香气呢？

当下的悖论

Paradoxie der Gegenwart

发生了吗？——不，没有发生。

但确实有些事情正逢其时。

在等待中，每一次到达都克制着，维持着。

——莫里斯·布朗肖

间隙（Intervalle）或门槛（Schwellen）属于苦难拓扑学（Topologie der Passion）。它们是遗忘、失去、死亡、惊恐和畏惧的领域，但同时也是渴望、希冀、冒险、承诺和期待的领域。在很多方面，间隙也是苦难与痛楚的来源。时间会将往事付诸遗忘，当回忆与时间抗争时，回忆就会化作苦难。如此看来，普鲁斯特的时间巨著是一个关于苦难的故事。时间的间隙将现在与期待中的将来分离，当时间的间隙延长至广阔天地，等待就会化作苦难。当等待之事物或承诺之事物迟到，即最终拥有或最终到达的时刻延迟，等待就会产生痛苦。

时间间隙在两种状态或两个事件之间延伸。"之间时间"（Zwischenzeit）是过渡的时间，人们不处于任何特定的状态。没有什么能定义这种"之间"。太多的不确定性给人以不安和恐惧之感，即身处门槛之感。向未知过渡令人不安和恐惧。临近门槛时的行走姿态是犹豫的。这种感觉还包括胆怯。将启程与到达分离开来的"之间时间"是一段不确定的时间，在这段时间里，人们必须预计到不可计算之事。但它也是迎接将来的希望之时间或期待之时间。

起点与终点之间的道路也是一个间隙。它与地点本身一样拥有丰富的语义。比如朝圣者之路就不是一个需要尽快穿过的空的"之间空间"（Zwischenraum）。相反，它是要到达的目标本身的组成部分。此时，在路上（Unterwegs-Sein）就变得非常重要。行走意味着忏悔、疗愈或感恩。朝圣之路并非单纯的通道，而是向彼处的过渡。从时间上来说，朝圣者是在通往将来的路上，将来有人们所期待的救赎。就此而言，朝圣者并非观光客。观光客不知何为"过渡"。到处都是"此处"与"现在"。他并非真正意义上的"在路上"。道路变得贫乏，成为空洞的通道，不"值得观赏"。"此处"与"现在"的全面化剥夺了"之间空间"的所有语义。如今，经验的特点就是缺乏过渡性。

如果人们眼中只有目标，那么到达目标点之前的空间间隙就只是一个必须尽快克服的障碍。纯粹的目标导向使之间空间失去了所有意义。它将其清空为一条没有任何内在价值的走廊。加速就是尝试让跨越"之间空间"所需的"之间时间"完全消失。道路的丰富内涵消失了，它不再散发香气。甚至道路本身也消失了。加速导致了世界内涵的贫乏，空间与时间不再具有重要意义。

如果人们仅从损失与延迟的否定性上来感知空间与时间的间隙，那么就会致力于使其完全消失。时间间隙会导致遗忘，而电子存储器或其他技术性重复的可能性将时间间隙摧毁。它们让过去之事物可以瞬间被调取，被使用。一切都逃不开即时访问。抵抗即时性的间隙被消除。电子邮件完全摧毁了作为空间间隙而存在的道路，从而产生即时性。它们摆脱了空间本身。为了创造彻底的切近和同步，间隙被摧毁了。所有的遥远，所有的距离都被克服。万事万物都要在此处、在现在就可用。即时性成为苦难。

无法被"当下化"的东西是不存在的。一切都必须是当下。之间空间和之间时间都有去当下化的作用，而它们都被废除了。只有两种状态："无"和"当下"。不再有之间状态。然而，存在不仅仅是当下存在。如果人类的生命剔除了所有之间状态，就会变得贫乏。人类的文化中也蕴含着丰富的之间状态。节日通常会塑造之间状态。因此，基督降临节时间（Adventszeit）[1] 就是一个之间时间、一个等待时间。

"此处"的全面化驱离了"彼处"。此处之切近摧毁了遥远之光晕。分隔此处与彼处、可见与不可见、已知与未知、熟悉与陌生的门槛已然消失。无门槛状态归因于对全面可视化与可用化的强制要求。在事件、知觉与信息的无间距并在中，"彼处"不见了踪影。一切都在此处。彼处不再有任何意义。人类不再是门槛动物。门槛固然会带来痛楚与苦难，但也会使人幸福。

间隙不仅有延迟作用，它们还有组织和梳理的功能。没有间隙，事件就会呈现出一种无组织、无方向的并在状态或

---

1 基督降临节是基督教重要节日，Advent 一词来自拉丁文 *Adventus*，意为"即将到来"。基督降临节开始于圣诞节前四周，为圣诞节的准备期和等待期。

混乱状态。间隙不仅能梳理感知，也能梳理生命。过渡与段落赋予生命确定的方向，即意义。间隙的消失产生了一个未定向的空间。或许正因为这里没有明确的段落，也就不可能有一个阶段的完结（这个阶段有意义地进入下一个阶段）。事件快速更迭之处，也就不会产生完结之决断。在未定向的空间里，现有的行动有可能随时被终止并重新开始。过多可能的接口让完结失去意义。完结的人，就有可能错过接口。由多个接口可能性构成的空间不知何为连续性。在这里，人们一再重新决定，不断抓住新的可能性，这导致一种非连续性的时间。没有任何决定是终极有效的。线性的、不可逆转的时间，即命运之时间被废除了。

　　网络空间也是一个未定向的空间。它由本质上无法彼此区分的接口或链接编织而成。没有任何方向、任何选项具有绝对的优先权。在理想情况下，人们可以随时改变方向。没有终极有效性。一切都维持在悬而未决的状态。网络空间里的行走姿态不是行走、前行或行进，而是冲浪（Surfen）或浏览（Browsen，源初含义是牲畜吃草，或安逸舒适地翻阅书籍）。这种移动方式不受任何方向约束。它们也不知何为道路。

构成网络空间的不是连续的阶段与过渡，而是不连续的事件或情况。因此，那里没有进步，没有发展。它是没有历史的。网络时间（Netz-Zeit）是一种不连续的、点状的现在时间（Jetzt-Zeit）。人们从一个链接去往另一个链接，从一个现在去往另一个现在。现在不具备持存性。这里，没有任何事物能将人们阻挡下来，在某个现在点（Jetzt-Stelle）稍作停留。因为可能性和选择过多，就没有了在一个地方驻留的强制性和必要性。长久的驻留（das lange Verweilen）只会带来无聊（Langeweile）。

线性世界的终结不仅会导致损失，它也使新的存在方式和感知方式变得可能和必要。进展让位于漂浮。感知对非因果关系变得敏感。线性叙事借由严格的筛选将事件约束在狭窄的轨道上，这一线性叙事的终结使得人们必须在大量密集的事件中移动并寻找方向。如今的艺术与音乐也反映了这种新的感知方式。美学张力不是通过叙事发展来营造，而是通过事件的堆叠和凝聚。

如果间隙缩短，事件的更迭就会加速。事件、信息和图像的凝聚让驻留变得不可能。飞速的转场不允许沉思的驻留。图像只是匆匆掠过视网膜，无法持久地吸引注意力。视觉刺激迅速释放，迅速消散。与真正的知识和经验相反，信息与体验没有持久的或深刻的影响力。真理与认识慢慢成为久远的记忆。它们的基础是持存。真理必须持久。然而，由于当下日益短暂，真理也逐渐消散了。认识则要归功于将过去和将来装入现在之中的时间的集合。无论真理还是认识，其特点都是时间上的。

日益缩短的间隙在技术或数字产品的制造上也有迹可循。如今，这些产品很快就会过时。新的版本和型号让它们变得十分短命。对新事物的强制追求缩短了更新周期。这种强制或许是因为没有什么能产生持存性。没有什么作品，也没有什么完结，只有版本和变化没有穷尽。即便是作为纯粹的形式游戏而存在的设计，甚至是康德意义上的"纯粹"美，即仅有"讨喜"的美丽外表而没有任何深刻内涵、没有超感官的东西，其定义本身就要求不断的变化、不断的更迭以活跃心灵，换句话说，以维持注意力。没有任何意义能让美丽外表持存。没有任何意义能稳住时间。

当下的缩减并没有排空或稀释当下。其悖论恰恰在于，与此同时，一切都在当下，一切都有可能（甚至必须有可能）成为现在。当下缩短了，丧失了所有持存性。其时间窗口越来越小。一切都在同一时间涌入当下。这造成了图像、时间和信息的拥挤，让所有沉思的驻留都变得不可能。因此，人们在世界上不停穿梭。

散发香气的时间晶体

Duftendes Zeitkristall

时间即使在光天化日之下也如黑夜里的小偷一般悄无声息。

盯着时间看，对时间大吼大叫，直到它惊愕地停下来——是拯救还是灾难？

普鲁斯特的叙事性时间实践可以被解读为对"匆忙时代"的反应，在这样的时代里，艺术本身也是草草了事。[1] 它失去了史诗般的呼吸。一种普遍的呼吸急促侵袭了世界。在普鲁斯特看来，匆忙时代就是铁路的时代，它扼杀了所有的沉思。普鲁斯特的时代批判也适用于"电影"（kinematographisch）时代，它让真实过快地崩解为连续的画面。他用来对抗匆忙时代的时间策略在于，帮助时间恢复其持存性，让它再度散发香气。

此在不断地去时间化会使此在支离破碎，普鲁斯特对失去时间的追寻是对这种去时间化的反应。"我"崩解为"连续的瞬间"[2]，从而失去了所有的稳定性，甚至所有的持存性。普鲁斯特写道，那个"曾经的我已经不复存在，我是另外一个人了"[3]。普鲁斯特的时间小说《追忆似水年华》试图重新稳定濒临崩解的"我"的同一性。时间危机被经验为同一性危机。

众所周知，这部小说的核心体验就是香气，是泡在椴花茶中的玛德莱娜蛋糕的味道。[4] 当主人公马塞尔用勺子将一小块泡软了的玛德莱娜蛋糕送到嘴边时，一种强烈的幸福感涌上他的心头："一种前所未有的幸福感涌遍全身，我感到超尘脱俗，却不知出自何因。我只觉得人生一世，荣辱得失都清淡如水，背时遭劫亦无甚大碍，所谓人生短促，不过一时幻觉；那情形好比恋爱之所能，它以一种可贵的精神充实了我。也许，这感觉并非来自外界，它本身就是我自己。我不再感到平庸、猥琐、凡俗。"[5] 马塞尔分到了"一段处于纯净状态的时光"[6]。时间中的芳香物质引发了一种持存之感。因此，马塞尔觉得自己完全从单纯的"时间偶然性"

中解放了出来。一种时间炼金术将感觉和回忆联结为一种既脱离当下也脱离过去的时间晶体（Zeitkristall）。[7] 事实上，普鲁斯特真的谈到过散发香气的晶体，即"静悄悄的、回荡着声响的、香气宜人的、透明的钟点"之"晶体"[8]。时间凝聚为"盖得严严实实的瓶子，每只瓶子都装有颜色、气味、温度各异的东西"[9]。虽然这个装满香气的瓶子[10]是一个"超越时间之外的"地方，因为那里没有任何东西在流逝，没有任何东西受制于时间的解离作用，但它并不是由永恒的超越性所供养。香气宜人的"绝世养料"[11] 由时间配料构成。它的香气并非永恒的香气。普鲁斯特的持存策略让时间散发香气。这一策略的前提是人的历史性存在，即人有其人生历程。它的香气是一种内在的香气。

有趣的是，时间的迷人香气依附于真实的气味散发出来。嗅觉显然是记忆与复苏的器官。虽然触觉（手摸浆洗过的、硬挺的餐巾或脚踏高低不平的铺路石）、听觉（耳听汤匙敲击盘子发出的声音）以及视觉（眼望马丁维尔教堂塔楼）也都能引起"无意识的记忆"，但恰恰是茶香和茶味所引发的记忆散发出尤为浓郁的时间的香气。它让整个童年世界重生。

香气与香味显然可以深入过去，掠过广阔的时空，从而为最初的记忆勾勒出轮廓。本以为已经失落的童年宇宙仅从一种香气中就得以重生："……就像日本人爱玩的那种游戏一样：他们抓一把起先没有明显区别的碎纸片，扔进一只盛满清水的大碗里，碎纸片浸水之后便伸展开来，呈现各种轮廓，泛起不同颜色，千姿百态，变成花卉，变成楼阁，变成人物，而且人物都五官可辨，须眉毕现；同样，那时我们家花园里的各色鲜花，还有斯万先生家花园里的姹紫嫣红，还有维福纳河塘里漂浮的睡莲，还有善良的村民和他们的小屋，还有教堂，还有贡布雷的一切和市镇周围的景物，全都显出形迹，并且逼真而实在，大街小巷和花园都从我的茶杯中脱颖而出。"[12] "一小滴几乎不真实的"茶水是如此之广阔，以至于可以容纳"回忆的巨厦"。即使人亡物毁，味道（ le goût ）与气味（ l'odeur ）依然留存。它们是湍急的时间河流中屹立的持存之岛："然而，当久远的往事了无痕迹，唯独味道和气味却会在人亡物毁之后长期存在，虽然更脆弱却更有生命力，虽然更虚幻却更经久不散，更忠贞不渝，它们仍然对依稀往事寄托着回忆、期待和希冀……"[13]

在《理解媒介》一书中，麦克卢汉提到一个有趣的实验，它似乎可以为普鲁斯特的玛德莱娜经验提供生理学基础。在脑外科手术过程中，对大脑组织的刺激唤起许多记忆。这些记忆浸满了特定的香气与香味，并由其整合，从而构建出过往经验的轮廓。[14]香气仿佛有浓厚的历史性，充满了历史与叙事画面。正如麦克卢汉所说，嗅觉是"形象化的"。人们也可以说，嗅觉是史诗般的叙事感官。它将时间事件联结、交织、凝聚成一幅图画、一种叙事结构。充满画面感和历史性的香气将"我"框定在一种同一性、一幅自画像中，让濒临分裂的"我"再次稳定起来。一种时间上的延伸感让"我"回归我本身。这种"自我回归"是令人愉悦的。哪里有香气，哪里就有自我在聚集。

香气是惰性的。因此，从媒体角度来看，它也不适合匆忙时代。人们无法像对待视觉图像那样让香气快速地依次呈现。与图像相反，人们也很难让香气加速。一个被香气主导的社会恐怕也不会发展出对变化与加速的偏好。它会从回忆与记忆、悠然与漫长中汲取养分。然而，匆忙时代是"电影的"、广泛视觉化的时代。它将世界加速为"物的一种电影式的展示"[15]。时间崩解为一系列单纯的当下。匆忙时代是没有香气的时代。时间的香气是一种持存现象。因此，它摆脱了"行动",摆脱了"即时的享受"[16]。它是间接的、迂回的、传导的。

普鲁斯特的叙事时间实践将事件约束在框架中,捆绑成一个连贯的整体或梳理成阶段,从而对抗时间的分崩离析。事件被重新关联起来。由事件构成的关系网让生命从纯粹的偶然性中解放出来。它让生命变得有意义。普鲁斯特显然确信,生命的最深层是一张由彼此关联的事实织就的密网,"它(生活)不断地……在事件之间吐出新的丝线……致使在我们过去的任何一个交点与其他交点之间形成了一张密密麻麻的回忆之网,只需要我们做出联络上的选择"[17]。时间濒临崩解为彼此之间没有关联的点状当下,普鲁斯特用相关性与相似性织成时间之网加以反抗。人们只需深入观察存在就能认识到,万事万物彼此交织,任何细枝末节都与世界之全貌相互联系。然而,匆忙时代却无暇深入感知。只有在存在的深处才敞开一个空间,万事万物相互依偎、彼此沟通。正是这份存在之友善才让世界馥郁芬芳。

真理也是一个关联事件。它发生于事物因为相似性或其他的切近(Nähe)而相互交流之时,发生于它们靠近彼此并建立关系,甚至成为朋友之时:"……只有在作家取出两个不同的东西，明确提出它们的关系……并把它们摄入优美的文笔所必不可少的环节之中，只是在这个时候才开始有真实的存在；它甚至像生活一样，在用两种感觉所共有的性质进行对照中，把这两种感觉汇合起来，用一个隐喻使它们摆脱时间的种种偶然，以引出它们共同的本质。"[18] 只有相似关系、友谊关系和亲缘关系才使事物真实。真实性与单纯并列在一起的偶然性相对立。真实意味着纽带、关系和切近。只有紧密的关系才使事物真实："被我们称作现实的东西，正是同时围绕在我们的那些感觉和回忆间的某种关系——一个普通的电影式影像便能摧毁的关系……作家应重新发现的唯一关系，他应用它把那两个词语永远地串联在自己的句子里。"[19] 隐喻的构成也是一种真理实践，因为它编织了丰富的关系网络，扫清了事物之间连接与沟通的路径。它对抗着存在的原子化。与此同时，它用关系的持存性甚至忠诚性去对抗彼此孤立之事件的快速更迭，从这个意义上讲，它也是一个时间实践。隐喻是事物彼此成为朋友时所释放出的香气。

"即时享受"无法达成美，因为一件事物的美要在"很久以后才会"在另外一种光芒中，甚至在回忆的意义中显现出来。美要仰仗一种持存的、一种沉思的总结。美不是瞬间的闪耀或吸引，而是晚霞，是物的磷光。"物的电影式展示"不符合美的时间性。匆忙时代，它的点状当下的"电影式"更迭，无法达成美或真实。唯有在沉思的驻留中，甚至在苦行僧般的隐忍中，物（das Ding）才会揭去面纱，展现美貌，吐露芬芳。美由时间堆叠而成，这种堆叠熠熠生辉。

天使的时间

Zeit des Engels

究竟有谁在天使的阵营倾听，倘若我呼唤？
甚至设想，一位天使突然攫住我的心：
他更强悍的存在令我晕厥，因为美无非是
可怕之物的开端，我们尚可承受……
每一位天使都是可怕的。

——赖内·马利亚·里尔克

人们一再吁求的宏大叙事的终结是史诗性时间的终结，是作为阴谋而存在的历史的终结，这样的历史迫使事件沿着叙事轨道移动，并由此构想出关联和意义。叙事的终结首先是一场时间危机。它破坏了将过去与未来集结于当下的时间引力。当时间上的聚集消失，时间也就崩解了。后现代性并不等于天真地欢呼雀跃于叙事时间的终结。相反，后现代性的代表拟订各式各样的时间策略和存在策略，来对抗时间的崩解和去时间化。德里达的弥赛亚主义没有重归讲述与同一性的老旧模式，却再次制造了时间引力。它源于弥赛亚式的将来。人类生命总是需要建构，对此，德里达本人也不会有异议。叙事并非唯一可能的生命时间建构方式。

讲述的终结未必会将生命削减为单纯的计数。只有在讲述之外，即在（一味追求意义与构想的）阴谋之外，深层的存在甚至存在本身才能变得显而易见。海德格尔转向存在也是叙事危机的结果。此外，讲述与计数并非南辕北辙。讲述是一种独特的计数模式。它制造悬念，加载一系列有意义的事件。除了简单的计数之外，它还将事件串联成一个故事。然而，存在并没有在数字与计数、列举与讲述中消失。

面对意义危机，利奥塔也转向存在。在此过程中，他将叙事的意义虚空转变为一种特殊的存在经验。意义与存在之间的区分构成了一种存在论的差别。在叙事与历史的时代，存在为意义让路。然而，意义因去叙事化而退隐之际，存在却徐徐现身。于是，事件不再指明其叙事内涵，不指明其"所是"（Was），而指明其"如是"（Daß）。事件如是发生，对于利奥塔来说并不单纯是事实。它更多地指明了存在之发生本身。他向存在的转向与海德格尔非常相似。他甚至期待叙事终结后"存在之升级"[1]。

叙事的终结有时间上的后果，它结束了线性时间，事件不再被串联成一个故事。叙事性的链接创建意义，它的运作方式是选择性的。它严格规定事件的依次出现。完全随意并列在一起的句子没有意义，不会产生任何故事。因此，叙事性的串联使不属于一个叙事秩序的事物消失。从某种意义上说，叙事是盲目的，因为它只看向一个方向。因而，叙事之中始终存在死角。

叙事链的解体将事件抛出线性轨道。线性叙事时间的崩解未必就是一场灾难。利奥塔也从中看到了一种解放的可能性。感知从叙事链条中解放出来，甚至是从叙事强制中解放出来。它开始漂浮，始终悬而未决。如此一来，它对于不受叙事束缚的事件来说，对于真正意义上的事件来说就是自由的。它可以接触到那些在叙事轨道上找不到位置并由此变得不存在的物。这种漂浮伴随着"迎接未知的喜悦"[2]。

"天使"是利奥塔《瞬间，纽曼》（"Der Augenblick, Newman"）一文的篇首题词。利奥塔玄妙地将天使和瞬间

（Augenblick，或译"眼下"）联系在一起，从而将时间神秘化。根据利奥塔的观点，叙事的终结并没有剥夺时间所有的引力。相反，它让"眼下"获得自由。眼下不是衰变的产物，不是线性时间崩解后残留的时间粒子。它虽然缺乏深刻的内涵，但却拥有存在的深度。然而，它的深度仅涉及"此"之在场。它不代表任何事物。它只提醒人们，"'有某种东西在此'，在这个东西具有任何意义之前"[3]。"在此"就是它的全部内容。利奥塔笔下的天使未宣告任何事情，没有任何事情要传达。它在其单纯的在场中闪耀。

时间并非在叙事轨道上横向延伸，而是纵向深化。叙事时间是连续的时间。一个事件从其内部预告着下一个事件。多个事件接踵而至，意义也由此产生。如今，这种时间上的连续性中断了，产生了一种不连续的、断裂的时间。一个事件之内不再蕴含任何迹象，表明它会继续下去，表明在它之后将有另一个事件发生。除了它的瞬间在场，它没有承诺任何事情。一种没有回忆与期待的时间就此产生。它的全部内容仅限于赤裸裸的"在此"。

利奥塔引用巴尼特·纽曼的话："我的画作既无关乎空间操控，也无关乎图像表达，而在于一种时间感觉。"[4]这种时间感觉并非时间意识。它缺少一切时间上的延伸性，而这种延伸性能构建意识。它发生于意识的合成之前。重要的不是有意义的时间，而是能刺激感官的时间。一瞬间它便升腾如一片"情感的彩云"[5]，又消失于虚无。事件不是意识有可能接触到的主题（Thema），而是意识无法捕捉到的创伤（Trauma），这种创伤完全摆脱意识的控制，或让意识束手无策。

内涵丰富的时间正在崩解，利奥塔对于这一问题的回答并非常见的虚无主义，而是一种特殊形式的万物有灵论。初级感官知觉虽然没有可以被意识主题化的内容，但它唤醒了灵魂。如果灵魂没有被它刺激，就会陷入昏睡，而它将灵魂从昏睡中，甚至从死亡中解救出来："生灵（anima）只有受到感动时才称得上是存在的感觉，无论可爱的还是讨厌的，都向生灵宣称，如果没有什么令它感动的话，它根本就不存在，它会毫无生气。这个灵魂只是可感性的觉醒，但可感性仍因缺少声音、色彩、香味，缺少能激发它的感性事件而未受感动。"[6] 被初级感觉唤醒存在的灵魂是一种"最小的生灵"，是无法与物质进行交流的、没有精神的灵魂，是完全避开心理分析，甚至避开任何诠释学的没有连续性与记忆的灵魂。

根据利奥塔的说法，在叙事终结后，艺术也将自己清空为一种纯粹的现时在场之艺术。它完全建立在"灵魂逃离死亡的愿望"[7]之上。文化赋予音调、色彩和声线的意义被清空了。就其文化意义而言，艺术必须将人们的注意力引向事件特征。它的任务是见证有事发生："可感知物（aistheton）是一个意外事件；灵魂只有在它的激发下才会存在；当它消失时，灵魂就在毫无生气的虚空中飞散。（艺术）作品必须尊重这个奇迹般的却又很不稳定的条件。"[1][8]灵魂的存在有赖于感官事件。没有了"感性"，就只有"无感"（Anästhesie，或译"麻醉"）。美学是对抗无感威胁的良方。

利奥塔认为，正是叙事时间的终结才使人们有可能接近"存在之神秘"[9]，其结果就是"存在感之增强"。但是，它将其虚无主义的维度过于边缘化了。时间之连续性的崩解让存在变得极其脆弱。灵魂时刻面临死亡的危险和虚无的恐怖，因为，能将其从死亡处夺回的事件是不具备任何持存性的。事件之间的间隙就是死亡区域。在没有任何事件发生的

---

1 译文参照让-弗朗索瓦·利奥塔：《后现代道德》，莫伟民等译，上海，学林出版社，2000年，第159页。

之间时间里，灵魂陷入昏睡之中。存在之欢愉与死亡之恐惧相互交织。先是亢奋，而后就是抑郁，甚至是一种存在论的抑郁。

存在的幽深同时也是其绝对的贫乏。它缺乏栖居的空间。利奥塔与海德格尔最大的不同就在这里。利奥塔所说的存在之神秘仅针对此处-存在（Da-sein）。参与存在之神秘的"最小的生灵"归根结底是最简单的单子之灵魂，是没有意识、没有精神的植物性灵魂。它只知道两种状态：惊骇与兴奋，即面临死亡威胁的恐惧与终于逃出生天的轻松或喜悦。人们可能甚至谈不上喜悦，因为这是意识的功能。利奥塔笔下靠近存在之深渊的、断裂的、不连续的"事件-时间"不是生命或栖居的时间。生命不仅仅是活着，单纯地醒着。叙事时间的终结并不一定会导致一种植物性的时间。有一种生命时间，既非叙事性，也非植物性，它在主题和创伤之外定居（ansiedeln）。

散发香气的时钟：关于古代中国的外一篇

Duftende Uhr: Ein kurzer Exkurs ins alte China

盆花浮红，篆烟缭青。

无问无答，如意[1]自横。

点瑟既希，昭琴不鼓。

此间有曲，可歌可舞。[1]

——苏东坡[2]

在中国，一种名为"香印"的时钟一直沿用到 19 世纪末。直至 20 世纪中叶，欧洲人还一直视之为一种普通的香炉。以香计时的想法对他们来说显然太陌生了，也许连用香气这种形式来呈现时间都太过不可思议。[3] 这种时钟之所以

1　出自宋苏轼《十八大阿罗汉颂》之第十六尊者颂。

被称为"香印",是因为其可燃烧的熏香被制成篆形结构。左圭在《香谱》中这样介绍香印:"镂木以为之,以范香尘,为篆文,燃于饮席或佛像前,往往有至二三尺径者。"[4] 香篆的造型由一根不间断的线构成,以便能从头燃到尾。镂花模板通常是文字造型,人们用研碎的熏香将其填满。把模板向上提起,便留下由熏香构成的文字图形。图形或是单独一个字(通常为"福"字),或是由多个字组成的"公案"[5]。曾经有一个香篆写的是这样一则谜一般的公案:几生修得到梅花。[6] 香篆中央用一朵花的纹样代替了"梅花"二字。整个香篆本身也被制作成花朵造型。熏香被点燃后,一点亮光一个字符接着一个字符地漫步,或说燃烧着整个香篆,仿佛描摹着这则"花朵公案"。

"香印"其实是整个计时装置的名称，该装置有多个组成部分。由熏香炮制的香篆在一个装饰华丽的香盒内燃烧，盒上加盖以防风吹，盒盖上也同样刻有文字或其他图样的镂空花纹。香盒内部通常也刻着富有哲理或诗意的词句。可以说，整个时钟都被散发着香气的文字和图形缠绕。单单是镌刻在香印上那些隽永的诗文就已然"香气"四溢了。有一个香印的盒盖带有花朵状镂空纹样，其盒身上刻着如下诗句：

> 看花听竹心无事，
> 扫地焚香乐有余。[1] [7]

熏香作为计时媒介，与水或沙有着诸多不同。散发着香气的时间不会流走或逝去。没有任何东西被清空。相反，熏香的气味盈满整个空间。甚至可以说，它将时间空间化了，从而赋予时间以持存的外观。灼烧固然使熏香逐渐化为灰烬，但灰烬并没有散落成尘。相反，它仍然保留着纹样的形

1　清张之万贺赠对联。

状。因此，化为灰烬的香篆本身便没有失去意义。那无可挽留的灼烧可能会带来的易逝感，让位于袅袅余香给人们留下的持存之感。

香印是真有其味的。熏香的香气强化了时间的香气。中国时钟的精妙之处就在于此。馥郁芬芳的时间既不流走也不逝去，而香印就在这氤氲之中展示着光阴。

> 闲坐烧印香，满户松柏气。
>
> 火尽转分明，青苔碑上字。[1][8]

熏香让室内弥漫着松树和柏树的芬芳。香气四溢的房间让诗人安静平和。灰烬也没有令人产生短暂易逝的联想。它是"青苔"，让（碑上的）字迹更加突显。时间在松香柏韵中驻足。它仿佛在"分明的图画"里停留。它被装裱在画框中，无从流逝。在氤氲香气中，在踯躅的片刻里，时间被挽留，甚至被叫停了。即便熏香中升起的袅袅烟云，在人们眼中也是有纹样的。丁沄写道：

1　唐王建《香印》。

飞来梦蝶，倏尔龙蟠，

俄鸟凤集，春蚓秋蛇。[1][9]

（烟云）丰富的形象让时间仿佛凝固成一幅画。时间化作空间。春与秋并列而置也让时间停止，由此产生了一幅时间静物画。

对于诗人乔吉来说，香印的烟云就像一种古老的文字，向他传递着深刻的持存之感。

暖蜕龙团香骨尘，细袅云衣古篆文。

宝奁余烬温，小池明月昏。[2][10]

这是一首贴近持存性的诗。花园池塘里的月光早已暗淡，而（香印的）灰烬还没有完全冷却。香炉尚有余温，暖意犹在。这踯躅的片刻让诗人感到幸福。

1　出自清丁沄《印香炉式谱·自序》。丁沄（1829—1879），字月湖，江苏通州（今南通）人，清代印香炉工艺家。

2　出自元乔吉《越调·凭栏人》。乔吉（约1280—1345），字梦符，号笙鹤翁，又号惺惺道人，山西太原人，元代杂剧家。

中国诗人谢缙这样描写香印中升腾的烟云：

烟篆微销过午香。[1][11]

诗人并不遗憾于一个美丽的午后就此逝去，因为每段时间都有它自己的香气。为何要空叹它的流逝呢？午后的馨香过后还有傍晚的芬芳，而深夜也释放其独特的幽香。这些时间的香气不是叙事的，而是沉思的。它们并不分先后，而是安于自身，静谧和谐。

春有百花秋有月，夏有凉风冬有雪。
若无闲事挂心头，便是人间好时节。[2][12]

清空"闲事"的精神才能获得美好时光。"空"使精神摆脱了欲望，恰恰是这种精神之空让时间有了深度。这份深度将每一个时间点和整个存在联系在一起，和存在那馥郁芬芳的永恒性联系在一起。让时间变得极度短暂易逝

1　出自明谢缙《晚春五首用杨孟载韵》（其一）。谢缙（1355—1431），明代诗人。
2　宋无门慧开禅师《颂平常心是道》。

的，正是欲望本身，它让精神倾泻而下。在精神停驻之处，在精神安于自身之处，就会出现美好的时间（gute Zeit，"好时节"）。

世界的圆舞

Reigen der Welt

松树的香气——

一只蜥蜴倏然掠过

滚烫的石头。

1927 年，《追忆似水年华》在巴黎出版。同年，海德格尔的《存在与时间》在德国出版。这两部乍看上去大相径庭的作品之间实则有许多巧合之处。与普鲁斯特的"时间项目"一样，《存在与时间》也批判人类存在的逐渐解体，批判时间崩解为点状当下的简单序列。海德格尔试图通过《存在与时间》呈现永恒有效的人类存在现象学，然而事与愿违，这部作品实际上正是他所处时代的产物。就人类存在而言，特定时代的过程和无关时代的特征混杂在一起。因此，海德格尔将加速带来的"对日常周围世界的破坏"归因于此在本质上的"切近的倾向"，这是很有问题的："此在本质上就是去远的，它作为它所是的存在者让向来存在的东西到近处来照面。……在此在之中有一种切近的本质倾向。我们当今或多或少都被迫一道提高速度，而提高速度的一切方式都以去远之克服为鹄的。例如，'无线电'的出现使此在如今在扩展和破坏日常周围世界的道路上迈出一大步，去远'世界'对此在都意味着什么尚无法一目了然呢。"[1]"去-远"（Ent-Fernung）是此在的一种存在方式，借由这种方式，我从空间上打开我的周围，那么，"去-远"在多大程度上与那挣脱了束缚的、导致空间本身被废除的加速有关呢？海德格尔显然并未认识到，无线电时代甚至"匆忙时代"建立在力量（Kräfte）的基础之上，这力量远远超过此在本质上"切近的倾向"，有了它人们才有可能实现空间定位。这种"去-远"让此在得以在空间上存在，它与空间的"全面-去远"（Total-Entfernung）是截然不同的。

新媒体废除了空间本身。超链接也让道路消失。电子邮件无须翻山越岭、漂洋过海。准确地说，它也不再是"上手之物"（Zuhandenes）。无须"上手"，它直接映入眼帘。

新媒体时代是一个内爆的时代。空间与时间内爆为此处和现在。一切距离都被消除了，再也没有不可"去-远"的神圣空间，即本质上就留有余地的空间。散发香气的空间是不会频繁显现的。它们暗含着一种自带光晕的遥远。沉思的、驻留的目光是不会"去-远"的。海德格尔在其晚期著作中批判对世界的无限去远化。本源是那"在隐匿中踌躇并自行克制"[2]之物。它不会自我挥霍或自我骄矜。海德格尔认为，对本源的切近是一种"克制的切近"[3]。

海德格尔将本体的恒定性概括为"常人"，而"常人"实际上是他所处时代的一种现象。他就仿佛是与海德格尔同时代的人。因此，"常人"的时间经验完全符合普鲁斯特所说的那种"匆忙时代"的典型特征——"电影式"时间。时间涣散成点状当下的简单序列。"常人""很少投身于'实事'（Sache），他倒是在看到一眼之际就已向最新近的东西转盼了"[4]。"常人"在世界上不断穿梭。因此，海德格尔谈到"涣散的无所驻留"或"丧失居留（Aufenthalt）之所"。

海德格尔很早就认识到，存在的空虚与生命过程的加速相伴而行。他在1929/1930年的演讲中谈道："我们为什么给自己找不到更多的意义，也就是说，更多的本质性的存在之可能性？是因为万物向我们彰显着的某种漠不相关性，其根据我们还不知道吗？当世界交通、技术、经济将人本身撕裂并运作不息的时候，谁想要这样说呢？"[1][5] 海德格尔将普遍的匆忙归因于人们无法觉知静谧、悠然与漫长。在持存性缺席的地方，加速就开始成为纯数量的增长，以弥补持存性的缺失，甚至是存在的缺失："快速意味着不能经受隐蔽生长和期待的寂静……纯粹量上的提高，对真正瞬间之物视而不见——后者不是倏忽易逝的，而是开启永恒的。"[2][6]

海德格尔的时间哲学与他所处的时代息息相关。因此，他对时间的批判性论述，比如针对持续性的时间紧张，也适用于他的时代："我们为什么没有时间？在何种程度上我们不想丢掉任何时间？因为我们需要它们，想要使用它们。用于何处？用于我们日常的忙碌，我们成为其奴隶久矣。……最终，这种没有时间是一种更为严重的本己之丢失，较那种让出时间来挥霍时间更甚。"[7] 被吁求的是"此在之中本质

1　译文引自《海德格尔文集：形而上学的基本概念》，赵卫国译，北京，商务印书馆，2017年，第115页。

2　译文引自《海德格尔文集：哲学论稿》，孙周兴译，北京，商务印书馆，2014年，第145页。

性的东西"，它"不会被任何忙碌和仓促驱迫"。"本真的"生存是"缓慢的"。海德格尔明确地批判"现代性"[8]，其特征就是点状的当下和不连续性。作为现代性的典型现象，"常人"只能感知"现时的风口浪尖"。因此，他匆忙地从一个当下去往另一个当下。

时间的崩解也波及此在的同一性。此在"涣散"在每日"经由"之事的繁复多样中。[9] 它"迷失"于"剥夺今天的当下性"之中。它由此失去了其本身的连续性。匆忙时代是一个"涣散"的时代。因此，这样一种需求觉醒了，即"从那涣散与无联系之中""拢集"（zusammenholen）自己。叙事的同一性仅建立一种联系，而海德格尔的同一性策略则旨在获得一种"整体存在的延展———种源始的、未失落的、无需联系的延展"[10]，即一种"有所延展的持立状态……在这种状态中，此在作为命运始终把生与死及其'之间'都'合并'在其生存的状态中"。这种"命运式整体延展"，即历史，远远大于创建联系的讲述。它不是一幅被以叙事方式制造出来的图画，而是一个前-叙事的画框，将"生与死及其'之间'"囊括其中。此在对其同一性进行叙事性建构，从而确定其自身。海德格尔的时间及同一性策略是针对其所处时代叙事危机的回应。这一回应定义了一种在普遍去叙事化的时代中尚有可能存在的同一性。

《存在与时间》的基础是受到时间制约的认识，即历史意义的丧失导致时间崩解为一连串加速中的孤立事件，由于缺乏引力或意义之锚，时间没有依靠、漫无目的地奔流。海德格尔的时间策略在于，再度将时间固定，赋予它意义，为它提供新的依靠，重新将它框进历史性的进程，从而使时间不再涣散为无意义的、加速的事件之序列。海德格尔极力吁求历史，以对抗来临中的历史之终结。然而，他也知道，肩负恢复时间秩序之重任的引力及历史意义，不可能是神学或目的论性质的。因此，他转而选择了一个生存论的历史概念。历史性的牵引力来自强调自身。海德格尔将时间视野向自身交叠，从而捆绑住时间。作为定向的时间，历史保护时间免于崩解，免于涣散为点状当下的简单序列。"自身的持驻性"（Ständigkeit des Selbst），即本真的历史之实质，就是不会消逝的持存性。这种持驻性不会流走。本真的生存者似乎始终都有时间。他之所以始终有时间，是因为时间就是自身。他不会丢失时间，因为他不会丢失自己："非本真的生存者不断丢失时间而从来没'有'时间，而在决断中的本真生存从不丢失时间而'总有时间'，这始终是本真生存的时间性的独特标志。"[11] 相反，时间的匮乏是非本真生存的一种症状。此在于非本真生存中丢失他的时间，因为他丢失自己于世界："无决断者手忙脚乱地迷失于所烦忙之事，同时也就把他的时间丢失于所烦忙之事。从而，对他来说，典型的说法就是：'我没有时间。'"海德格尔的时间策略归根结底就在于，将"我没有时间"转化为"我始终有时间"。这是一种持存策略、一次尝试，尝试从生存意义上调动自身，从而重获一度失去了的对时间的统治权。

在海德格尔的晚期著作中，他越来越远离历史性的时间模式，取而代之的是季节或其他重复之形象："在乡间路时令变化的空气中，生长出一种知会的开朗。……在乡间路的小径上，冬日风暴与丰收日子相遇，春天活跃的躁动者与秋日泰然沉着的消逝碰在一起，青年的游戏与老年的智慧相互发现。在一种独一的齐唱中，万物已然变得明朗而欢快。这种齐唱的回响，正是乡间路默然地来回携带着的。"1 [12] 四季的"宁静齐唱"及其回响暗示了一种持存。这回响延绵不

1　译文引自《海德格尔文集：从思想的经验而来》，孙周兴、杨光、余明锋译，北京，商务印书馆，2018 年，第 101 页。

绝，甚至在"来回往复"中不断更新。世界是一个向内里回荡的声音空间，任何声音在这里都不会渐弱或消逝。"聚集性的游戏"不会让任何东西消逝、涣散，它产生了一种丰盈的持存："在秋日的凉爽中，夏天的火热结束于朗朗晴空。……秋天的凉爽将夏天藏于己身，每年都以自己聚集性的游戏萦绕于这条乡间路上。"[1] [13]

　　海德格尔一再回溯"来回往复"（Hin und Her）之形象。这是一种与历史性的时间相对立的形象。在来回往复中，时间仿佛停驻（stehen）了，持存性由此产生（ent-stehen）。海德格尔在诗歌《时间》中这样写道：

> 何其迢远？
>
> 唯当那钟点在往返摆动中，
>
> 你听：它逝去，已经逝去，
>
> 而又不再逝去。
>
> 白昼已晚，那钟点，
>
> 只是去向时间的苍白踪迹，

1　译文参照《海德格尔文集：乡间路上的谈话》，孙周兴译，北京，商务印书馆，2018 年，第 4 页。

趋近有限，

从中脱颖而出。[1] [14]

"来回往复"在循环交替中制造持存性。海德格尔《乡间路》一文的结构也被设计得如钟摆一般。它的开篇是："这条乡间路从庭院大门通往恩里特。"临近尾声的文字则是："从恩里特出发，这条道路返回到庭院大门口。"这样的来回往复将乡间路塑造成代表重复与聚集的形象。没什么是去而不返的。所有的"往"都会如回响般被"复"接住。这种"往返"（Hin- und Zurück）也反映在孩童的游戏中："男孩子们用橡树皮……切割出它们的小船，装上船桨和方向盘，在梅滕小溪或者学校的井里漂浮。游戏中的世界航行还不难抵达目的地，而且一再回到岸边。"[15] 没什么迷失至不确定之事物。没什么发生改变。这条乡间路是发生永恒重复的寂静之地。一切都保持着聚集状态："乡间路把在它周围、构成其本质的东西收集起来，并且把它自己的东西携带给在它上面行走的每个人。"一切都停在永远有效的"本质"

1　译文引自《海德格尔文集：从思想的经验而来》，孙周兴、杨光、余明锋译，第231页。

之中，停在永恒的当下。乡间路的来回往复使世界停驻于"同一者"。在来与回的摇摆中，世界"产生"了。乡间路体现了一种边界清晰的、向内里回荡的持存世界。简单的秩序有其质朴的光彩，而一切都停驻在这质朴的光彩之中。没什么逃得过母亲的眼和手："它们的（即万物的）王国是由母亲的双眼和双手限定的。情形仿佛是，母亲默然的操心照料着一切生灵。"

这条乡间路不匆匆走向任何目的地。相反，它沉思着安于己身。它将"沉思的生活"（via contemplativa）形象化。"往返"让它摆脱了目标，但又没有遭破坏至涣散。乡间路中蕴含着一种特有的聚集。它并不前行，而是驻留。它使定向的、痉挛的劳动时间停滞于一种持存。作为"沉思的驻留"所在之处，它象征着一种栖居，一种无需任何目标与目的、不受神学与目的论影响的栖居。

世界是"大地与天空，诸神与终有一死者"的一场"圆舞"[16]。圆舞也是一个时间公式，一个永恒的自我循环。它阻止一切时间上与空间上的涣散。一切都在世界的"圆环"中，在"其纯一性（Einfalt）之光彩"中保持着聚集状态。"天空"也是一个永恒的自我循环，永恒的"上下往复"（Auf und Ab）。它是"日月运行，群星闪烁，四季轮转，是昼之光明和隐晦，是夜之暗沉和启明，是节气的温寒，是白云的飘忽和天穹的湛蓝深远"[1]。世界布局的严整对称让人们觉得时间是静止不动的。世界的对称性透露出一种不可动摇的、始终如一的秩序，而这种对称性也在语言之中得以延续。海德格尔甚至也用特殊的语言形态强调了这一点。他的哲学并不仅限于论证，也包括诗句，这（对读者来说）也是个难题。比如，以有意为之的句法和韵脚营造出一种永恒有效的秩序感。因此，他在一首诗中呼唤美好的、对称的世界秩序，即"四化"（Vierung），而这首诗分为两段，每段四行，彼此对仗，就绝非偶然了。这份"纯一性的光彩"在每段尾句那节律的光彩中得到了圆满：

　　林木荫荫

　　溪水潺潺

　　山石巍巍

　　细雨绵绵。

1　译文引自海德格尔：《演讲与论文集》，孙周兴译，北京，商务印书馆，2018年，第162页。

田野默默

清泉涓涓

微风习习

祝祷连连。[17]

橡木的气味

Der Geruch des Eichenholzes

为什么人从未发明缓慢（Langsamkeit）之神？

——彼得·汉德克

一般生活进程的加速夺走了人们沉思的能力。如此一来，那些只有面向沉思的驻留才有可能展开自身的事物，就对人保持闭锁状态。并不是先发生加速，而后导致沉思生活的丧失。相反，加速与丧失沉思生活之间的关系是错综复杂的。正是对沉思生活的无能为力，才会产生一种离心力，导致普遍的匆忙和涣散。无论生命进程的加速还是沉思能力的丧失最终都可以归因于这样一种历史情形，即人们不再相信，事物自行存在并永远维持着"如此-存在"（So-Sein）。世界普遍的去实事化夺走事物所有独特的光彩、独特的分量，将它们降格为可生产的对象。摆脱了空间和时间的制约，它们现在变得可以被制作，被生产。实际让位于生产。存在被去实事化为过程。

海德格尔看到了现代技术的一种危险，即将"存在"去实事化为可操控、可筹划的过程。海德格尔的"存在"恰恰是与此种过程对立的形象。过程意味着不断变化，而"存在"则没有进展，它更多地是向内振荡并维持着"同一"。它的实事性也正在于此："单纯质朴之物保存着持留者和伟大者之谜。它突然降临到人那里，其实需要长久的生长。在始终同一者的毫不显眼之物中，遮蔽着一种赐福。"[1] 过程朝着一个目标前进。它的功能性目的论让加速变得有意义。目标实现得越快，过程的效率就越高。加速是纯功能过程的天然属性。因此，只知计算过程（而不知其他）的信息处理器不得不承受加速的压力。它可以被任意加速，因为它没有自己的意义结构，没有自己的节拍，因为它可以被缩减为纯功能性的效率，把所有延迟都视为干扰。电脑不会犹犹豫豫。纯粹的计算作为工作，其结构是时间性的，这种时间

1　译文引自《海德格尔文集：从思想的经验而来》，孙周兴、杨光、余明锋译，第100 页。

性与驻留风马牛不相及。从"过程"角度来看，驻留只会是一种需要尽快克服的停滞状态。静止充其量只能是一种停顿，对于计算工作的效率来说毫无意义。因此，海德格尔写道："匆忙与惊讶……前者经营算计。后者不期而至。前者遵守一个计划。后者拜访一个驻留。"1 [2]

　　沉思的驻留之前提是持存之物。人们不可能驻留于快速更替的事件或图像。海德格尔的"物"恰恰满足这一前提。它是一个持存之地。有趣的是，海德格尔在使用动词"驻留"时，也将其用作及物动词，意为"聚集"。人们可以驻留于物，因为它们聚集持存的世界关联。"驻留"一词的及物用法使它的不及物用法成为可能，即对世界的聚集使驻留于物成为可能："物物化（Das Ding dingt）。物化之际，物驻留大地和天空，诸神和终有一死者；驻留之际，物使在它们的疏远中的四方相互趋近。"2 [3] 大地"承受筑造，滋养果实，蕴藏着水流和岩石，庇护着植物和动物"3。天空是

1　译文参照《海德格尔文集：从思想的经验而来》，孙周兴、杨光、余明锋译，第161页。

2　译文参照海德格尔：《演讲与论文集》，孙周兴译，第185~186页。

3　译文引自海德格尔：《演讲与论文集》，孙周兴译，北京，生活·读书·新知三联书店，2005年，第186页。

"日月运行，群星闪烁，四季轮转，是昼之光明和隐晦，是夜之暗沉和启明，是节气的温寒，是白云的飘忽和天穹的湛蓝深远"。这些永久有效的世界坐标反映在物中，它们赋予人类的栖居以"缓慢和稳定"（Langsamkeit und Stete），"树木借以生长的那种缓慢和稳定"[4]。海德格尔的根基持存性与故乡之哲学，尝试去稳固人类驻留之根基，这一根基早已摇摇欲坠，甚至面临完全消失。

海德格尔之物完全避开了消耗与消费。它是一个沉思的驻留之地。海德格尔以壶为例来阐释能将在世界中的居留变成可能的物。他以壶代指物当然不是巧合。壶是一个容器（Behälter），它给其内容（Inhalt）以依靠（Halt），如此一来，便没什么会流走或逝去。海德格尔利用壶的这种特性来说明物究竟是什么。[5]

海德格尔将"栖居"（Wohnen）定义为"居留于物"（Aufenthalt bei den Dingen）[6]。他也极有可能说过：驻留于物（Verweilen bei den Dingen）。然而，若要居留，就必须有所依靠："比一切制定规则的工作都更重要的，是人找到居留入存在之真理内的处所。唯有这种居留才允许对牢靠的东西的经验。……在我们德语中，'依靠'的意思是'守护'

（Hut）。'存在'这种守护就把在其绽出的本质中的人守护到存在之真理中去……"[1][7] 没有存在，人就失去依靠和保护。只有依靠才能稳住时间，带来"牢靠的东西"。失去依靠，就会导致时间的倾泻，造成时间上的决堤。它无所依靠地奔流而下。加速归根结底就是源于无所依靠、无所居留，源于缺乏依靠。作为今日之世界的行走姿态，一系列加速的片段和事件所表达的就是依靠的缺失。生命世界的普遍加速只是一个症状，它有着深层的原因。减速或放松之技巧并不能阻止时间的倾泻。它并没有消除原因。

事实上，世界绝大部分是由人类自己制造的物或秩序构成的，而海德格尔的世界则总是在人类干预之前就已然给定，甚至是预先规定好的。这种事先的"总是-已然"（Immer-schon）构成了世界的"实事性"。它是一种避开了一切人类干预的给予（Gabe）。它是一个永恒重复的世界。当现代技术使人类越来越远离根基、远离大地，也越来越摆脱根基和大地的束缚，海德格尔却执着于"根基持存性"。人类的存活归根结底是依仗对世界的制造，而海德格尔质疑

1　译文参照海德格尔:《路标》，孙周兴译，北京，商务印书馆,2000年,第425页。

一切去实事化、一切形式的世界制造。他呼唤"不可制作之物"或"神秘"来对抗可操控、可制造的过程。

海德格尔将"保存"（conservatio）用作一种时间策略，它必须创建一种持存。他认为，人类是"自己渊源的倾听者"（Hörige ihrer Herkunft，或译"自己渊源的奴隶"）[8]。唯有"幽幽的渊源"能让人类有"在家之感"。"年久"即"智慧"。因此，海德格尔批判现代性中不断萎缩的当下，在那里没有任何东西被传承，一切都迅速过时。"智慧"的基础是连续性和持存性。海德格尔的世界秉持的是一种亟待接纳、传承及重复的秩序。对新事物的强制追求与"始终同一者"南辕北辙。

实事性中包含着一种消极性，这在"需要被请求"（sich-angehen-lassen），"被抛"或"被召唤"等用词中都有所体现。"被请求状态"之消极性与"采取行动"之积极性相对而立。海德格尔的"物"也将人变成"被物化者"（Be-Dingter，或译"受限制者"），从而将人置于消极性。作为"被物化者"，人驻留于物。物不是受制于生产过程的产品。它在与人的关系中获得了自主性，甚至权威性。它代表着人必须接纳、必须顺从的世界之重量。面对物的这种物化作用，人必须放弃将自己升格为"无条件者"。

神代表着人类无从干预的"不可制作之物"。它完全就是"不被物化者"（Un-Bedingter，或译"不受限制者""无条件者"）。[9] 去实事化和对世界的全面制造使其完全失去了神性。那"贫乏的时间"是没有神的时间。人必须持留为一个"被物化者"，一个"终有一死者"。尝试废除死亡是一种亵渎，一种人类的"谋制"（Machschaft）。废除死亡最终等于废除神。海德格尔始终是一个"痛苦之人"，一位痛苦思想家。唯痛苦之人有可能获得那"永恒"的芬芳。海德格尔也许会说，废除死亡意味着人类的终结，面对永生不朽，人类必须重塑自己。

海德格尔的"存在"具有时间视角："逗留（weilen），持续（währen），始终持续（immer währen）……是'存在'这个词的古老意义。"[10] 唯有存在能容纳驻留，因为它逗留着、持续着。因此，匆忙与加速的时代是一个遗忘存在（Seinvergessenheit）的时代。乡间路也不断唤起持存与缓慢："在城堡背后，耸立着圣马丁教堂的塔楼。缓慢地、几乎犹豫不决地，夜里十一点的钟声渐渐隐失。"[11] 诸如"犹豫"、"等待"或"忍耐"等时间形象[12] 需要与"避开一切可用、当下之事物"建立积极的关系。它们所表达的并不是一种丧失状态，相反，它们的特点是一种"简朴的丰盈"。"等待"并不指望某种特定的东西。相反，它表明的是与摆脱一切计算形式之事物的关系。"犹豫"也并不意味着无决断。它是一种与摆脱一切果断干预之事物的关系。它是积极的"至自行隐匿者的牵引"[13]。"对不可制作者的胆怯所导致的缓慢"赋予它灵魂。思想家必须在这"牵引之风"中耐心等待，而不是逃往"避风之处"。

"贫乏的时间"是没有香气的时间。它缺乏能超越广阔时空而产生稳定联系的持存之物。海德格尔毫无节制地使用"长久"或"缓慢"等词语。"将来者"（die Zukünftigen）是真理之"缓慢不决而长久倾听的建基者"[14]，他们以"导向缓慢的勇气"[15]在"有所期待的导向忍耐的坚定性"中追踪那"不可计算之物的缓慢迹象"[16]。代表漫长与缓慢之芬芳的正是橡木的气味。那创建"意义"的"乡间路"上飘满"永恒"之香气。当然，海德格尔的"意义"是非目的论的，甚至是非前瞻性的。它没有亟待实现的目标或目的。它是无方向的。其结构不是叙事的或线性的。这仿佛是一种不断深化为存在的、循环的意义。海德格尔的思想坚定地从意义转向存在。只有在目标面前，加速才有意义。相反，没有方向之事物，向自身回荡或被填满之事物，既非目的论也非过程之事物，就不会制造任何加速压力。

海德格尔笔下的神守护着"永恒"，守护着"持留者和伟大者之谜"。人与神之间关系的特征是被抛状态和实事性。人类的每一次"谋制"都会让人变得对神的语言"听觉迟钝"。它（神的语言）消失于"机器的噪声，而他们（指如今的人们）差不多把仪器视为神的声音"[17]。神所寻找的是当技术设备停止运转时产生的"寂静"。不断加速的时间机器将世界与物从其本己时间中撕扯出来。海德格尔的思想归根结底是批判从重复与再生产到制造与生产、从被抛状态与实事性到自由与自我主张的历史转向。神是给意义和秩序结构加盖永恒有效之印章的权力机关。他代表着重复与同一性。代表变化与差异的神是不存在的。他稳定住时间。加速最终要归因于神之死。一切通过人类的本己力量（Eigenmacht）对世界进行的去实事化都会导致去时间化。海德格尔相信，只有让世界维持在其本己时间，甚至是静止状态中，"乡间路的呼声"，即神的语言才能完全清晰。只有当物再次静息于"古老渊源"的重量之中时，神才是神。

经过世界与物的本己时间，他作为迟缓之神，甚至故乡之神敞开自己。

毫无疑问，晚期海德格尔以一种浪漫的魔力呼唤史前-前现代世界情形的回归——人类所取得的重大进步都归功于克服了那些情形。尽管人们对其"根基持存性"与"故乡"之神学充满怀疑，但在他走向漫长与迟缓之时，人们还是应该听一听他的声音。事实上真的有一些事件、形式或振荡是只有长久的、沉思的目光才能捕获的，而在劳动的目光中，它们保持遮蔽状态，那些精妙的、易逝的、低调的、幽微的东西，那些飘荡的或退隐的东西，是无法强行获得的。

海德格尔在通往另一种时间的路上，它不是劳动的时间[18]，而是漫长与迟缓的时间，它让驻留成为可能。劳动最终追求的是统治与吞并（Einverleibung），它摧毁了人与物之间的距离。然而，沉思的目光保护了这种距离。它让事物保有其本己空间或本己光辉。它是一场友好实践。海德格尔的话绝不仅仅是日常的智慧箴言而已："弃绝（Verzicht）并不取得。弃绝给予。它给予单纯质朴之物取之不尽的力量。"[1][19] 沉思的目光是苦行僧式的，因为它放弃克服距离，放弃吞并。就这一点而言，阿多诺与海德格尔极为相似："长久的、沉思的目光……总是折射、反照出对客体的渴望。温和的注视是一切真实之快乐的源泉，它必须做到，不让注视者将（被注视的）对象吞并入自己。"[20] 长久的、沉思的目光努力去保护与物的距离，同时不失去与物的切近。它的空间公式是"有距离的切近"[21]。

1　译文引自《海德格尔文集：从思想的经验而来》，孙周兴、杨光、余明锋译，第102 页。

深度无聊

Die tiefe Langeweile

当我们忘记当下的日期：

那曾是时代。

那曾是时间。

当梦境将门把手送至我们手中，

有人通往地狱之门，

有人则通往天堂之门：

那曾是时代。

那曾是时间……

　　　　——彼得·汉德克

　　革命期间，在接踵而来的戏剧性事件中，毕希纳笔下的丹东感受到一种深度无聊："嘉米叶：快点吧，丹东，我们再不能虚掷光阴了！丹东（一边穿衣服）：可是光阴却把我们掷在后面。真是讨厌透了，总是要先穿衬衫，再往上面穿裤子，夜里上床，早晨再从床上爬起来，先迈一只脚再迈第二只：什么时候这一切才能换换样子，简直一点儿希望也没有。"矛盾的是，革命的时代，其主体是坚决行动的人，却被深度无聊侵扰。自由的行为主体积极果敢，雷厉风行，但其决断显然并未释放任何强烈的键合能量，无法经验充实的时间。因此，嘉米叶向往更早的时代："那些一般的、被人们誉为健康理性的固定理念，都无聊得让人难以忍受。最幸福的人是能够把自己想象成上帝、圣父、圣子和圣灵的人。"

不仅无事发生的时间会让人深感无聊。恰恰是历史和革命时期，事件虽纷至沓来，但已脱离了持存和重复状态，人才格外容易被无聊侵袭。此时，连最微小的重复都会被感知为单调。无聊并不是坚定行动（Handeln）的对立面。相反，它们是相互依存的。正是积极行动的决断加深了无聊感。因此，革命家丹东在紧张的行动中感觉自己被时间抛弃。真正的时间匮乏不是我们失去了时间，而是"时间失去了我们"。时间自身自我清空。或者说，没有来自时间的引力去束缚，去聚集。无聊归根结底就源于时间的空。时间不再充实。单凭行为主体的自由状态无法产生时间引力。当他行动的冲动一时之间没有新的对象时，就会产生令人厌倦的空的间隙。充实的时间不一定非要一件事接着一件事且千变万化。它是一种持存的时间。在这里，人们不会特别明显地感觉到重复。只有在持存性崩解后，它（重复）才会成为一个主题和问题。因此，日常生活中每一种形式的重复都折磨着革命家丹东。

在 1929/1930 年的演讲中，海德格尔探究了决定当下的基本情绪（Grundstimmung），这种情绪为"今天"定调（be-stimmt），并"从根本上彻底感染着我们"[1]。首先，他认为自身可以发现一种渴望新的自我决断的努力。"如今的人"正在努力赋予自身一种角色、意义和价值。海德格尔正是从这种为自己创造意义的夸张努力中看到了一种深度无聊的迹象："我们为什么给自己找不到更多的意义，也就是说更多的本质性的存在之可能性？……难道最终我们的情况是，此在之深渊中有一种深度无聊，就像一种沉寂的阴霾飘来荡去吗？"1[2] 海德格尔将这种深度无聊解释为时代的标

1　译文引自《海德格尔文集：形而上学的基本概念》，赵卫国译，第 115 页。

志。它被归因于存在者整体的隐匿。这种存在者的全然隐匿留下了"无所事事之整体"[3]。此在找不到任何与存在者之间有意义的关系。一种彻底的漠不关心（Gleichgültigkeit）将其淹没。没有任何东西能吸引它的注意力。所有"有所作为和听之任之的可能性"都从它身上溜走了。这就是"急切之整体"[4]。当存在作为一个整体隐匿时，时间也自我清空了。厌倦从根本上改变了对时间的感知："所有存在者都无一例外地抽离我们，就所有观看（Hinsicht）而言，一切我们所看到的……就所有回顾（Rücksicht）而言，一切我们作为已经存在的、已经成为的和过去的来反观的……一切存在者，就所有意图（Absicht）而言，一切我们当作将来的来预料……"[1][5]将望向存在者的三维视域翻译成时间概念则是：过去（回顾）、当下（观看）和将来（意图）。在深度无聊中，此在找不到与存在的时间关联。然而，意义即关联。因此，深度无聊被经验为意义的完全虚空。它源于时间的空。在无法从时间角度看待存在者的地方，就会出现时间的非形态化或大众化。任何让时间显得有意义的时间表达都会

1　译文引自《海德格尔文集：形而上学的基本概念》，赵卫国译，第217页。

失败。

　　海德格尔认为，存在者的整体失败同时也是一种"言说"（Sagen）。所有"有所作为和听之任之的可能性"在深度无聊中沉没，"此在可能具有的，而恰恰被闲置在这种'某人无聊'中的"行动的可能性"逐渐明了起来"[6]，"不说"（Versagen）之中蕴含的"宣告"（Ansagen）是作为一种"召唤"（Anrufen）出现的，召唤此在明确地把握自身："而此在的自我释放，向来只有当它决定面对自己本身时才会发生……然而，只要此在身处于存在者之中……只有当它此时此地……在所选择的其自身之本质可能性中决定去行动时……此在才能决定自己。此在的这种针对它自己的自我决定……就是眼下。"[1][7]这个救赎的眼下就是"决断之目光"[8]，是此在"此时此地行动"的决断的目光。海德格尔认为，这种英勇的行动决断，即此在对自身的把握，具有打破极度无聊的魔咒的力量。在1929/1930年的演讲中，海德格尔假定只有行动的决断才能消除存在的空，甚至时间的空。他还没有认识到，恰恰是积极行动的决断，甚至是最初的自由造

1　译文参照《海德格尔文集：形而上学的基本概念》，赵卫国译，第222页。

成了时间的空，即时间不再创建充实的持存。

虽然海德格尔在 1929/1930 年的演讲中指出，"悠长的时间"在阿雷曼族语言（das Alemannische）中的意思是"有思乡情绪"，相应地，深度无聊就是"对故乡的牵引"[9]。但是，在该次演讲中，海德格尔并没有进一步研究无聊与思乡之间有可能的切近。他还没有认识到，决断行动的此在之主体性无法创建故乡，它恰恰意味着故乡的终结。

30 年后，海德格尔再次提醒人们注意深度无聊与思乡之情之间的密切关系："它（即故乡）仍然存在，并与我们有关，但却是我们寻找的那个故乡。因为大概正是这种几乎不被注意到的极度无聊的基本情绪，驱使我们进入所有的消遣活动，而这些消遣活动正是怪异的、挑衅性的、迷惑性的东西每天为我们提供的。更重要的是，这种沉溺于消遣的深度无聊感，很可能是一种隐秘的、不为人知的、被推迟却又无法摆脱的对故乡的牵引：隐秘的思乡之情。"[10] 时间失去了它的持存、悠长与缓慢。由于它不能持久地吸引人们的注意力，因此就会产生空的间隙，而这些间隙必须用激烈的、挑衅性的东西来弥补。因此，无聊与"对惊人之物的癖好，对一再以不同方式直接地吸引和'冲击'（我们）的东西的癖好"相伴而行。充实的持存让位于"始终独创性的运作的动荡不安"[11]。海德格尔不再以行动的决断来对抗深度无聊。他现在意识到，对于时间的悠长与缓慢来说，对于散发着香气的时间长度来说，"决断之目光"过于短视了，正是过度的主观性使深度无聊成为可能。有能力打破无聊魔咒的，不是更多的自我，而是更多的世界；不是更多的行动，而是更多的驻留。

无聊掌控着主体与世界、自由与实事、行动与存在之间日益扩大的鸿沟。决断行动的此在不再熟悉被环抱或被迎接的感觉。作为自身的时间，"眼下"的"风口浪尖"缺少"故乡"的广度和长度，缺少栖居与驻留的空间。海德格尔的"故乡"是先于行为主体而存在的地方，它被人们依赖着，它始终迎接着积极行动的自我。恰恰是行动的决断让此在滑离这个先于主体性而存在的地方。深度无聊正是源于这一损失。

晚期的海德格尔不再强调行动，而主张一种全然不同的与世界的关系：泰然任之（Gelassenheit）。泰然任之是一种相反的运动，甚至可以说是一种与行动的决断"相反的宁静"[12]。泰然任之允诺"我们一种可能性，让我们以一种完全不同的方式持留于世界上"[13]。诸如"犹豫"、"胆怯"或"抑制"等词语也被用于反驳对行动的强调。归根结底就是完全被行动的决断掌控的生活导致了深度无聊。"泰然任之"是过度积极的反面，也就是缺乏一切沉思形式的积极生活（*vita activa*）的反面。强制的行动主义助长了无聊。只有当积极的生活在其临近终结之时将沉思的生活纳入己身并再度为后者服务时，深度无聊的魔咒才能被彻底打破。

沉思的生活
Vita contemplativa

I. 闲暇简史

> 我们有个娃娃，我们有张床，
> 我的妻啊！
> 我们也有工作，两人一对一双，
> 我们有风，有雨，有太阳。
> 为了像鸟儿一样自由，
> 我们独缺一件小东西：时光。
>
> ——里夏德·德默尔《劳工》

据说海德格尔曾在一场关于亚里士多德的讲座开头说道："他出生，他劳动，他死亡。"[1] 令人惊讶的是，海德格尔竟然将亚里士多德的一生定性为劳动（Arbeit，或译"工作"）。他定然知道，过着沉思生活（*bios theoretikos*）的哲学家的生活绝非劳动。亚里士多德认为，推究哲理即静观（*theorein*，观察事物整体的过程）靠的是"闲暇"（Muße，希腊语 *schole*），它与"游手好闲"（Mußiggang）或人们如今所说的"休闲时间"（Freizeit）几乎没什么关系。它是一种没有强制性与必要性、不用费力与操心的自由状态。然而，劳动却让人不自由，因为它受到生存之必要性的强迫。与"闲暇"相反，劳动无法安于己身，因为它需要制造实用之物和必要之物。

亚里士多德将人生分为两个领域，即从事职业之"非-闲暇"（德语 Nicht-Muße，希腊语 *a-scholia*，或译"勤劳"）和"闲暇"，或者说分为"不-安"和"安宁"。作为"不-安"和"不-自由"，劳动必须从属于"闲暇"。即便就行动（德语 Tätigkeit，希腊语 *prakta*）而言，亚里士多德也将美与高尚之物置于实用与必要之物之外，置于劳动之外。[2]只有困苦（Not）能强迫人们去劳动，这种劳动因而成为必

要的（not-wendig）[1]。相反，"闲暇"则开启了一个超越生存
之必要性的、无强制不操心的自由空间。根据亚里士多德的
理论，人类生存的本质不会是操心，而会是闲暇。沉思的安
宁拥有绝对的优先权。一切行动必须只是获取安宁、重归安
宁的手段。

　　亚里士多德将自由人的生活方式分为三种：追求享乐
（*hedone*）的生活、在城邦中创造美与高尚之行动的政治生
活（*bios politikos*），以及致力于对真理进行静观的沉思生活
（*bios theoretikos*）。[3] 三者皆不受制于生活之必要性和强制
性。致力于获得金钱的生活因其强制性而被摒弃。政治生活
也并非针对如何组织共同生活，因为这也属于必要而实用之
事。政治生活寻求的更多是名誉（Ehre）和德性（Tugend）。
人们之所以学习绘图和作画，也是因为它们能促进人们观察
肉身之美的能力。[4] 至高的幸福源于沉思地驻留于美好事物，
这种沉思从前被称作 *theoria*。它的时间意义是持存。它专
注于那些永恒不变的、完全安于己身之物。让人类接近神明

1　notwendig（必要的）一词的前半部分 Not 意为"困苦、危难"，而后半部分则由
　　动词 wenden（翻转、转向）衍生而来。作者运用该单词拆分前后的不同含义，巧
　　妙地表达出"人们为扭转困苦现状而不得不去劳动"以及"劳动因而成为必要的"
　　这一双重意蕴。

的既非德性也非聪慧，而是沉思地献身于真理。

劳动与生活必需捆绑在一起。它不是目标本身，而是一种手段，一种必要的、翻转困苦状态的生活手段。因此，它不值得自由之人去做。如果一个出身高贵的人受困苦所迫而去劳动，那么他势必会极力隐藏这件事。劳动使他不自由。所谓闲暇，是一种免除一切操心、困苦及强制的状态。只有在闲暇中，人才是人。古希腊罗马时期人们对闲暇的理解是建立在一种此在概念基础上的，而这种此在概念对于今人来说，对于完全被劳动、效率和生产力占据的世界来说，是不可企及甚至不可思议的。长远来看，古典的闲暇文化应该会让人们意识到，一个与现今世界全然不同的世界是有可能的，在这样一个世界中，人类此在的基本特征并不会是海德格尔所说的那种操心。海德格尔评价亚里士多德生平时所用的劳动概念是后来才出现的。它植根于新教的生命概念之中。它与亚里士多德的劳动概念完全不同。海德格尔其实应该这样说："他出生，他不劳动，他死亡。"

闲暇是超然于劳动和无所事事（Untätigkeit）的。它是一种必须经过有针对性的教育才能获得的特殊能力。它不是"放松"实践或"休养"实践。作为对真理的静观，思考建立在闲暇的基础上。[4] 因此，奥古斯丁也将闲暇与消极的无所事事区分开来："在闲暇中，给人带来愉悦的不能是懒散的无压力状态，而应该是对真理的探索与发现。""追求认识真理"才是"值得称许的闲暇"[6]。无力闲暇恰恰是懒散的标志。闲暇并非与懒散的无所事事毗邻，而是与之相对而立。它的作用不是涣散，而是聚集。驻留以意义的聚集为前提。

在中世纪，沉思的生活相较于积极的生活还处于优势地位。托马斯·阿奎那曾写道："沉思的生活纯然优先于积极的生活。"[7] 著名的拉丁箴言 *ora et labora*（祷告与劳动）并不意味着劳动的价值超过沉思。在中世纪，积极的生活仍完全被沉思的生活渗透。劳动从沉思中获得意义。人的一天从祷告开始，以祷告结束。它让时间变得有节奏。节假日应被赋予全然不同的意义。它们并非不劳动的日子。作为祈祷与闲暇的时间，节假日拥有其独特的意蕴。中世纪的日历并非仅仅用于计算日子，它的基础恰恰是讲述，在讲述中，节假日成为一个个叙事站点（Station）。它们是时间之流中的固定点位，以叙事的方式将时间绑住，使其不至于流走。它们所形成的时间段落，为时间划分结构，让时间产生韵律，其作用好比小说中的段落。它们让时间及其进程显得极富内涵。小说的一个段落将一个叙事阶段完结。暂时的完结又为下一个叙事阶段做着准备。时间的段落是整体叙事张力中一个个有意义的过渡。希望之时间、愉悦之时间，以及告别之时间，彼此交融。

中世纪晚期，人们对劳动的态度开始发生变化。例如，托马斯·莫尔在《乌托邦》中生动地描绘了一个人人劳动的世界。他的社会革命构想反对阶级差别，计划对劳动进行公平分配。每个人一天中都只需劳动六小时。在不劳动的时间，所有"乌托邦人"都投身于闲暇与沉思。在这里，人们并没有认为他们的劳动很重要。只有在改革进程中，劳动才应被赋予超越生活必要之外的意义。它被置于一种神学意义关联中，这种意义关联强化了其存在的合理性，也提升了其价值。马丁·路德将劳动等同于职业，并将其与上帝对人的呼唤联系在一起。加尔文主义从救赎经济学角度赋予劳动以意义。一个加尔文主义者不确定自己是被选定的还是被摒弃的。因此，对于完全被抛向自身的个体来说，他的行动是被一种恐惧、一种持续的操心掌控的。唯有劳动中的成功才能让他觉得自己被选定了。对救赎的忧虑将他打造成劳动者。不知疲倦的劳动虽然无法使其获得救赎，但却是他们确保自己被选定，并从而消除恐惧的唯一途径。

加尔文主义强调行动的重要性，突出"做"（Tun）的决断："宗教信仰者既可以因为他觉得自己是圣灵的容器，也可以因为觉得自己是神的意愿的工具而确信自己已处于恩宠状态（Gnaden）。在前一种情况下，他的宗教生活倾向于神秘主义和感情主义，而在后一种情况下则倾向于禁欲行为。"[8] 加尔文主义者通过毅然决然的行动来谋求确定的救赎。让寻求救赎者接近其目标的不是沉思的生活，而是积极的生活。只有行动的决断和绝对化才会让沉思的生活，让无为的沉思看起来好像应该受到谴责。

新教的世俗苦行主义将劳动与救赎联系在一起。劳动增加了上帝的荣耀。它成为生命的目的。马克斯·韦伯曾引用虔信派教徒亲岑道夫（Zinzendorf）的话："劳动非为生存，生存却为劳动。倘若无事可做，人或是遭受痛苦或是躺下休息。"[9] 虚掷光阴是万恶之首。不必要的久睡也要受到谴责。时间经济与救赎经济相互渗透。加尔文主义者巴克斯特（Baxter）曾写道："敬仰时间，日日须留心勿虚掷光阴，珍惜它甚于你的金银珠宝。消遣娱乐，修饰打扮，酒席盛宴，闲聊漫谈，无益社交，过度睡眠，倘若其间任何一样诱惑了你，剥夺了你一分一秒的时光，则你必得加倍提防。"[1][10] 马克斯·韦伯预先在新教禁欲主义中看到了资本主义精神。禁欲主义还表现为资本的强制积累，从而导致资本的形成。满足于现有财产并享受财富是可鄙的。只有不断追求更多的利润才算得上虔敬上帝："这种世俗的新教禁欲主义……与自发的财产享受强烈地对抗着，它束缚着消费，尤其是奢侈品的消费。另一方面，它又有着把获得财产从传统伦理的禁锢中解脱出来的心理效果，它不仅使获利冲动合法化，而且……把它看作上帝的直接意愿。"[2][11]

世俗化不会让救赎经济消失。它在现代资本主义中继续存活。单凭物质上的贪婪并不能解释人们对金钱近乎匪夷所思的追逐。对资本积累的强制建立在对救赎的渴望之上。人们下足本钱，谋求获得救赎。其内容也不一而足。比如人们把金钱当作凝固的时间加以无限积累，并希望借此获得远多于自己有限生命的时间。除此之外，人们对权力的追求也生

1　译文参照马克斯·韦伯：《新教伦理与资本主义精神》，于晓、陈维纲等译，北京，生活·读书·新知三联书店，1985年，第227页。

2　译文参照上书，第134页。

出积累欲。德语单词 Vermögen（财富、能力）颇为意味深长。财富即资本，财富的增长也促使能力随之增长。马克思也认为，金钱的万能之处在于它能去实事化，它为了达成被筹划状态而消除被抛状态。在金钱的作用下，实际已给定的东西（das faktisch Gegebene）普遍被消除了。它甚至连丑陋都能消除："依靠货币而对我存在的东西，我能为之付钱的东西，即货币能购买的东西，那是我——货币占有者本身。货币的力量多大，我的力量就多大。货币的特性就是我的——货币占有者的——特性和本质力量。因此，我是什么和我能够做什么，决不是由我的个人特征决定的。我是丑的，但我能给我买到最美的女人。可见，我并不丑，因为丑的作用，丑的吓人的力量，被货币化为乌有了。"[1] [12]

"工业"（Industrie）一词最初来自拉丁语 *industria*，意为"勤劳"（Fleiß）。英文单词 industry 至今仍有"勤劳"和"奔忙"之意。比如劳教所就被称为 Industrial School。工业化不仅意味着世界的机械化，也意味着对人的规训。它不仅安装机器，还安装机制，这些机制必须从时间经济学与

1　译文引自马克思：《1844 年经济学哲学手稿》，中共中央马克思恩格斯列宁斯大林著作编译局编译，北京，人民出版社，2000 年，第 143 页。

劳动经济学角度将人的行为优化为物的行为。菲利普·彼得·古登（Philipp Peter Guden）发表于 1768 年的一篇论文《工业警察，或关于鼓励居民勤劳之方法的论文》，就很有代表性。

工业化，或说机械化使人类时间更接近于机器时间。工业机制是一种时间经济学意义上的律令，它必须按照机器的步调去塑造人类。该机制使得人类的生活与机械化的劳动过程相适应，与机器运转相适应。被劳动掌控的生活是一种被沉思生活完全阻隔在外的积极生活。如果人失去了所有沉思的能力，他就会沦为劳动动物（*animal laborans*）。与机械化劳动过程相适应的生命只知道（什么是）"间歇"，即不劳动的"之间时间"，人们在"之间时间"里从劳动的疲惫中恢复，以便能再次全身心地投入劳动过程中。因此，"放松"和"休养"也并非劳动的对立面。它们主要是用于恢复劳动能力，从这个意义上讲，它们再度被纳入劳动过程中。

所谓"休闲时间与消费社会"并没能给劳动带来任何本质变化。它没有摆脱劳动律令。这种强制不再来自生活必要性，而是来自劳动本身。汉娜·阿伦特错误地认为，劳动社会的终极目标在于，将人类从生活必要性的"枷锁"中解放出来。[13] 事实上，在劳动社会中，劳动与生活必要性分离开来，独立成为目标本身并将自己绝对化。劳动被全面化，除了劳动时间外，其余所有的时间都要被杀死（tot schlagen，或译"消磨"）。劳动的全面化排挤掉其他生活形式和生活筹划。它迫使精神本身去劳动。"精神劳动"（Geistesarbeit，或译"脑力劳动"）是一种强制公式。精神在劳动，这可以说是一种悖论。

"休闲时间与消费社会"体现了一种独特的时间性。生产力的大幅提升带来时间的过剩，而这些过剩的时间则被短暂而易逝的事情和体验填满。没有任何东西能持久地绑住时间，因此，人们就会产生一种印象，即时间流逝得飞快，或者一切都在加速。消费与持存性相互矛盾。消费品是不持存的。衰败是构成消费品的要素。事物从出现到衰败的周期越来越短。资本主义的增长律令导致了事物越来越快地被生产，被消耗。消费强制是生产体系的内在要求。经济的增长依赖于物的快速消耗。如果人们突然开始爱护东西，保护它们不致衰败，帮助它们变得经久耐用，那么以增长为目标的经济就会完全停滞。

在消费社会中，人们忘记了如何驻留。消费对象不允许任何沉思的驻留。它们被尽可能快地消耗掉，以便为新产品和新需求让位。沉思的驻留以持存之物为前提，而消费强制却取消了事物的持存性。即便是所谓的"减速"也无法创建任何持存。就消费态度而言，"慢餐"和"快餐"并无本质区别。物只是被消耗了而已。单纯降低速度并不能使物的存在发生转变。真正的问题在于，持存之物，漫长而迟缓之物濒临灭绝，或者从生活中消失。沉思生活的形式也如同"踌躇"、"泰然"、"胆怯"、"等待"或"压抑"一样是一种存在方式，晚期海德格尔曾用以上概念来抵抗"一味劳作的胡闹行径"[14]。它们的基础都是对持存的经验。然而，劳动时间，或说作为劳动的时间是不持存的。它通过生产而消耗着时间。漫长而迟缓之物则避开了消耗与消费。它创建一种持存。沉思的生活是一场持存实践。它通过打断劳动时间而创建另一种时间。

II. 主奴辩证法

> 然后自信地写道：最初是行动！
>
> 但不要忘记正确的句重音：最初是**行动**；
>
> 因为所有更高层次的发展
>
> 都是由"怠惰"意志所引导。
>
> ——格奥尔格·西美尔

新时期，人们对劳动的重新评估导致了劳动被绝对化，甚至被美化。这种重新评估是一种非常复杂且多层次的现象。它不仅受到宗教的影响，也受到权力经济的制约。马克斯·韦伯的宗教社会学忽视了其权力逻辑维度。劳动、资本、权力、统治与拯救之间的因果关系及相互关联可谓错综复杂。救赎经济与权力经济彼此渗透。

从权力经济学视角来看，人们可以将劳动的全面化描述为主奴辩证法的结果。当然，我们必须采取与黑格尔截然不同的方式去讲述主奴辩证法。众所周知，黑格尔用主奴辩证法来描绘一场生死斗争，在这场斗争的起点，一方是主人，而另一方是为主人劳动的奴隶。根据黑格尔的论点，让未来之奴隶屈从于另一方的，是对死亡的恐惧。相较于死亡，他宁愿屈从。奴隶紧紧抓住生命，而主人渴望的则远远超过单纯的生命。他追求权力和自由。与奴隶相反，主人最看重的并非单纯的生命，而是自身。他通过完全否定他者来完成自我的全面化。成为其奴隶的他者，不会削弱主人的自身和权力，因为他屈从于主人。主人通过奴隶延续自我。奴隶为了主人的自身而放弃了他的自身。因此，主人在奴隶之中也完全是与自身同在。这种自身的连续性构成了主人的权力和自由。

劳动辩证法，即权力辩证法的辩证之处就在于，奴隶单纯为了生存而被迫从事劳动，可恰恰也是通过这种劳动找到自身，找到自由之理念。在制造物的劳作中，奴隶塑造着物，从而强行将自身的印记加诸自然。被制造出的物即为奴隶的自身形象。如此一来，他就在物中延续了自身。他征服了自然，尽管自然最初是以阻力的形象现身。他强占自然，从而打破自然。劳动将权力与自由之理念传授给奴隶，这与他当初为之屈从于他人的赤裸生命不同。可以说，是劳动"塑造"（bilden，或译"教育"）了他。劳动是形成意识的媒介。它让奴隶自由。它教给他自由的理念。在历史的进

程中，他必须借助不容再回避的阶级斗争去实现这一自由
理念。

黑格尔的主奴辩证法仅从权力与主体性的角度看待一
切。其致命弱点就在于此。权力本身也决定着与物的关系。
奴隶通过劳动强占物的独立存在。他通过劳动将其阻力一扫
而空。为了主人的享受，奴隶通过劳动对事物进行加工（be-
arbeiten），经过加工的物被主人消耗。无论主人还是奴隶，
与物的关系都是否定（Negation）。劳动和消耗都会否定独
立的存在。黑格尔的主奴辩证法即权力辩证法，让人完全忽
略了劳动的一个非常重要的方面。奴隶独自承担辛苦劳动，
这种劳动迫使其面对来自物的阻力，然而，恰恰是通过这份
承担，他才让主人有可能与物建立一种不同的关系，这种关
系既非掌控也非加工。他（奴隶）认识到，权力或否定并非
唯一可能的与物的关系。

劳动在黑格尔理论中具有核心价值。精神的行走姿态不
是"上帝的认识"或者"游戏"，而是"否定之物的劳动"
（Arbeit des Negativen）[15]。科耶夫（Kojève）在其对黑格尔
主奴辩证法的马克思主义解读中，也将劳动上升为教育与历
史的主要媒介："这种通过劳动对人进行的有创造性的教育

也创造了历史，即人类的时间。劳动即时间……"[16] 没有任何时间不可能是劳动。劳动就是时间。劳动造就意识并推进历史。在主奴对立消失的瞬间，历史走向完结。[17] 劳动是历史发展的原动力。如此一来，从事劳动的奴隶一跃成为（推动）历史进步的唯一主体，而主人却僵化在无所事事、不事生产的自我之中。因为奴隶是唯一有所行动的历史主体，历史进程也就仅由他来决定。在所有的发展阶段，他始终都是一个劳动者。在任何历史瞬间，劳动都不会脱离它本身。它始终保持本色，不改分毫。它就是一种机制，在道德上、经济上或宗教上都有明显体现。从事劳动的奴隶有针对性地运用这一机制来扭转权力关系，使之对自己有利。奴隶地位的提升甚至将它上升为一种占主导地位的社会机制。相应地，社会也就是一个劳动社会，历史在这里走向完结，在这样的社会中，每个人都劳动，甚至每个人都一味地劳动。劳动的全面化导致所有人都随着历史的完结而成为劳动者。

亚里士多德区分了自由人可以选择的三种生活方式。其中，最高级的生活方式是理论的生活，即致力于沉思的生活。主人是自由人，因为他将劳动完全交付给奴隶，自己不直接接触物的抵抗。这种自由使他有能力建立一种全然不同的与世界的关系，这种关系不为劳动所规定，即不为"加工"和"掌控"所规定。它打断了等同于劳动的时间。亚里士多德认为，沉思的生活是神性的，因为它摆脱了一切强制和利益。

就劳动的全面化而言，马克思进一步完成了黑格尔的理论。马克思认为，将人类区别于动物的不是思想，而是劳动。人类不是理性动物，而是劳动动物。人即劳动。马克思也从劳动角度解读黑格尔的精神现象学："因此，黑格尔的《现象学》及其最后成果——辩证法，作为推动原则和创造原则的否定性——的伟大之处首先在于，黑格尔……抓住了劳动的本质，把对象性的人、现实的因而是真正的人理解为他自己的劳动的结果。……黑格尔站在现代国民经济学家的立场上。他把劳动看作人的本质，看作人的自我确证的本质……"[1][18] 马克思也可以这样说：精神即劳动。黑格尔的精神就像他笔下的奴隶一样被迫劳动。它没有任何闲暇和沉思。劳动机制也波及思维本身，并以思维机制的形式出现。因为它最初旨在掌控物，所以劳动中的思维始终是一种统治

1　译文引自马克思：《1844 年经济学哲学手稿》，中共中央马克思恩格斯列宁斯大林著作编译局编译，第 101 页。

思维。

　　奴隶摆脱了主人的统治，但代价是成为劳动的奴隶。劳动机制波及所有人，无论主人还是奴隶。其结果是一个劳动社会，在这个社会中，每个人都是劳动的奴隶，即一个劳动之人的社会。一切都必须是劳动。任何时间都是劳动。劳动机制使时间本身也在劳动。劳动将所有活动和力量都据为己有。它表现为一种唯一的"做"。由于所有的行动能量都被劳动完全吸收，在不劳动的时间里，只可能有消极的消遣，人们从劳动中恢复过来，以便能够再次全力以赴地劳动。

　　劳动社会归根结底是一个强制社会。劳动不会使人自由。劳动制造了新的奴役。黑格尔的主奴辩证法是自由的辩证法，但只要意识仍然受劳动支配，自由社会就不会产生。因此，黑格尔并没有将意识形成的辩证历史思考透彻。只有当意识从劳动的要求中解放出来时，它才是完全自由的。这就使自由人的生活形式，即闲暇形式完全消失。行动被绝对化为"不–休息"（Un-Ruhe），根据亚里士多德的观点，行动应完全从属于休息（Ruhe）。如今，休息与不–休息之间的关系已完全颠倒。休息现在是娱乐或放松的时间，是作为劳动的行动所必需的。

　　根据黑格尔的观点，历史是一部自由的历史，只要人们仍然是劳动的奴隶，历史就没有完成。劳动的统治使人不自由。每个人都成为劳动的奴隶，无法消除主奴对立。只有当奴隶真正转变为自由人时，这种对立才能消除。只要不将沉思的生活纳入己身，积极的生活就仍然是一种强制公式。缺乏沉思时刻的积极生活将自己清空，变成纯粹的活动（pure Aktivität），从而导致忙碌和不安。西美尔也认为，历史不是在"充分就业"的社会中，而是在闲暇的社会中走向完结："宇宙力量的游戏被能量守恒法则操控，该游戏奔向一个终点：研究人员告诉我们，总有一天，宇宙中的所有温差都将消失，所有原子都将达到平衡，能量将在所有存在物中均匀分布。到那时，运动的时代结束，永恒的宇宙怠惰帝国开始。这就是世间万物的秩序为其设定的最终目标，而人的高度和尊严就在于，他能够在自己最怠惰的时候成为一个最高意义上的微观世界，从而预见性地实现这一目标，因为宇宙的最终发展目标已经在他身上变成了精神、感觉和享受。既然哲学已经意识到了这一点，它就达到了自己历史的最高点，在此之后，它只能保持沉默，以便最终完成自己的任务，在自己身上第一次表现出它所承认的世界绝对原则。"[19]

尽管劳动对马克思来说至关重要，但他的乌托邦并不在于对劳动的称颂。有时，他甚至设想从劳动中解放出来："自由时间——不论是闲暇时间，还是从事较高级活动的时间——自然要把占有它的人变为另一主体，于是他作为这另一主体又加入直接生产过程。"[1][20] 劳动不仅改造世界，也改造劳动主体自身，这是黑格尔的核心认识。通过这种方式，劳动帮助奴隶获得更高的意识，使其超越动物的生命。然而，有鉴于劳动的超然地位——马克思将劳动提升为人的本质特征[21]，奴隶是否有能力真正转变为"另一个主体"，能够拥有不再是劳动时间的空闲时间，这还是个疑问。

马克思所说的主体因其起源而始终是劳动主体。即使不劳动，它也无法进行任何其他行动。在劳动之外，它最多只是一个消费者。劳动者和消费者同宗同源。二者都消耗时间。他们无法触及沉思的生活。在这一点上，阿伦特也看到一个显著的矛盾："马克思在其思想的各个阶段都把人定义为劳动的动物，以便把这种劳动中的生物引向一种理想的社会秩序，而在这种秩序中，人的最大和最人性化的能力恰恰被搁

1　译文引自《马克思恩格斯全集》，第四十六卷下，中共中央马克思恩格斯列宁斯大林著作编译局编译，北京，人民出版社，1980 年，第 225~226 页。

置了。"[22] 人们或许会以此来反驳阿伦特，即马克思区分了异化的强制劳动和自由的劳动，从劳动中解放出来仅适用于异化的劳动。但劳动本身只允许与自身和世界建立非常有限的关系。由劳动或在劳动中形成的主体，即使在不劳动的时间里，也找不到另外的感知世界的方式。

劳动主体唯一可能的行动就是物的生产和消耗，这与沉思地驻留于物是相对立的。当今社会恰恰证明了，完完全全成为劳动主体的人无法拥有空闲时间，即非劳动时间。不断提高的生产力虽然制造了越来越多的休闲时间，但这些时间既没有用于更高的行动，也没有用于休闲。相反，这些时间要么被用来休养，要么被用来消费。劳动动物只知道休息，却不知道沉思的安宁。作为一种自由辩证法，主奴辩证法只有满足如下条件才是完整的，即当该辩证法超越劳动范畴时，当它始终牵挂着劳动之外的其他事物时。

Ⅲ．积极的生活，或行动的生活

> 行板（Andante）……属于激情而缓慢之精神的节奏。
>
> ——弗里德里希·尼采

汉娜·阿伦特所著《积极的生活》一书致力于恢复或说复苏在她看来日益萎缩的"行动的生活"（das tätige Leben）。[1] 问题在于，她将这种"积极生活的降格"归咎于希腊-基督教传统中沉思的优先权。沉思生活的优先将所有形式的积极生活降低到实用而必要劳动的水平："我对传统的反对主要在于，认为传统等级序列中沉思的巨大分量，已经模糊了积极的生活自身内部的各个差别与环节，并且认为，虽然这一状况已岌岌可危，但它并未随着近代与传统的脱节以及马克思和尼采对传统等级序列的最终倒转而发生必

---

[1] 阿伦特名作《积极的生活》英文版名为 *The Human Condition*，中文版参见《人的条件》，竺乾威等译，上海，上海人民出版社，1999年；《人的境况》，王寅丽译，上海，上海人民出版社，2017年。

本书作者始终援引的是德译本 *Vita activa oder Vom tätigen Leben*，并反复使用 Tätigkeit/Handeln（行动）、Handlung（行为）、Bewegung（运动）、Aktivität（活动）、Aktion（动作）、Tun（做）等词语来阐释与"沉思的生活"（*vita contemplativa*）相对应的"积极的生活"（*vita activa*），即"行动的生活"（das tätige Leben）。

要的改变。"[1][23] 阿伦特反对这种对"积极生活"的打压，她认为必须突出其各种表现形式，强调"决断行动的生活"，这是阿伦特"积极生活"现象学的基调。

认为沉思之优先权是积极生活降格为劳动的原因，这种想法是错误的。相反，我们应该看到，人类的"做"之所以沦为纯粹的活动和劳动，恰恰是因为它失去了所有沉思的维度。阿伦特错误地把沉思说成是所有运动（Bewegung）和行动的停滞，是一种消极的安宁，它让所有积极生活的形式看上去都像是不安。她认为，"当所有的运动和行动都处在一种完全休息的状态之中时"，"终有一死者"就达到了沉思。[24] 这种无运动状态既涉及身体，也涉及灵魂："各种运动，包括身体的或灵魂的、语言的或推理的运动，都必须在真理之前终止。"[25] 阿伦特没有认识到，沉思的生活呈现一种安静的形式，仅仅是因为它安于己身。但是，安于己身者未必没有任何运动或行动。神也安于己身，但他是纯粹的行动（reine Tätigkeit，希腊语 *actus purus*）。这里的"于己身"仅仅意味着不依赖于外部，意味着人是自由的。因此，亚里

1　译文参照汉娜·阿伦特：《人的条件》，竺乾威等译，第8~9页。

士多德明确地将沉思的生活描述为一种行动的生活。因为这种思，即沉思（*theoria*），实际上是一种现实（*energeia*），字面意思就是"工作–行动"（Werk-tätigkeit）或"在工作中"（am Werk-sein，希腊语 *en ergô einai*）。在这一点上，托马斯·阿奎那也追随亚里士多德："外部的身体运动与沉思（contem-platio）之宁静相对立，这种沉思被认为是没有外部活动的。然而，精神活动的运动则属于沉思之宁静自身。"[26]

阿伦特对积极生活的恢复主要针对的是行动（Handeln）。她赋予行动以英雄主义色彩。行动意味着全新之事物的开始。如果没有行动的决断，人就会萎缩成一个"劳动之人"。出生并非被抛，而是能够行动。阿伦特的行动英雄主义甚至上升到了弥赛亚的境界："'奇迹'就在于人的出生以及随之而来的新开始，即人一出生就能够行动，从而去实现新开始。……《福音书》用几个词直称的'大喜讯'：'一个孩子已降临我们中间'，可能是对世界抱有信心和希望的最荣耀、最简洁的表述。"[1][27] 如果把"行动"翻译成时间概念，意思就是让时间重新开始。其本质是革命。这"打断"了

1　译文参照汉娜·阿伦特：《人的条件》，竺乾威等译，第237~238页。

"自动的日常生活过程"[28]。相对于自然时间的不断重复，新的开始是一个"奇迹"。行动是人创造奇迹的一种本能。[29]然而，阿伦特错误地认为，真正新的东西全靠毅然的英雄主体决定去行动。然而，塑造世界和文化的事件很少是积极行动的主体有意识地做出决定的结果。相反，它们往往是闲暇的产物，是自在游戏或自由想象的产物。[30]

针对人类退化为劳动动物这一历史过程，阿伦特勾画了其核心理念——行动。根据她的论述，现代人的生活是一种集体生活过程，没有个人行动的空间。人们只能自动发挥作用，"似乎个人的生命早已浸没在整个人类物种生命过程的洪流之中，似乎个人还能做出的唯一积极决定就是放开自我，放弃个体性……以便接下来能完全'平静地'、更好地、更顺利地'发挥功能'"[31]。劳动将个人融入整个物种的生命过程，而该过程的发展超越个体的行动和决定。

针对劳动动物之消极性，阿伦特呼唤行动。行动的生活与这种"最暮气沉沉、最枯燥无味的消极性"[32]相对立。现代社会最初开启之时，激活了人类所有能力，原本前途大好，而在这种消极性中，却面临终结的危险。然而，阿伦特却忽视了一点，即劳动动物的消极性并非与行动的生活相对立，前者恰恰是后者的背面。如此看来，阿伦特着意与行动联系在一起的行动的生活，在对抗劳动动物之消极性时并没有发挥任何力量，因为这种行动的状态与整个物种的生命过程极其协调。尼采在一段题为"行动者的主要缺陷"的箴言中写道："行动者往往没有更高的行动：我指的是个人的行动。他们作为官员、商人、学者，也就是说，作为类的集合概念是行动的，但不是作为完全特定的个别人、独一无二的人；从这方面看，他们是惰性的。……行动者就像石头滚动一样，是按照机械的愚蠢法则。"[1][33]

阿伦特虽然意识到，现代生活正日益远离"沉思的生活"，但她没有进一步思考这一发展趋势。她仅仅把一件事归咎于"沉思的生活"，即所有积极生活的表现形式都不加区分地被打压为单纯的劳动。阿伦特没有认识到，现代生活的紧张、不安与沉思能力的丧失有很大关系。阿伦特自己所感叹的"经验的消失"也与积极生活之全面化有关。纯粹的活动使经验变得贫乏，它让同者大行其道。没有能力停止的人无法接触到全然他者。经验有转变之功效。它们打断同

1　译文参照尼采：《人性的，太人性的》，杨恒达译，北京，中国人民大学出版社，2005年，第193~194页。

者的重复。人变得更积极，这并不能让他变得易于接受经验。相反，人们需要的是一种独特的消极性。人必须被某种东西请求，这种东西是行动主体之积极性所不具备的东西："在某个东西（可以是物，是人或神）上取得一种经验，意味着：某个东西与我们遭遇、与我们照面、造访我们、震动我们、改变我们。"[34]

阿伦特与时间的关系始终以支配为特征。作为一种深刻的行为，宽恕（Verzeihen）是一种权力，这种权力体现在让时间重新开始。它将行为主体从过去中解放出来，从企图将其永远固定其中的时间负担中解放出来。[35]许诺（Versprechen）保护未来免受不可预见性的影响，从而让未来变得可计算、可利用。行为主体凭借宽恕和许诺强占了时间。行动的权力属性将其与其他形式的积极生活，即制造和劳动深刻地联系在一起。强势的干预[36]不仅存在于行动中，也存在于生产和劳动中。

"在行动中"（im Tätigsein）也少不了这个"存在"（Sein）。即便是行动，也必须包含若干停顿的时刻，以防止自身僵化为单纯的劳动。行动的停顿中存在一种静止。在动作（Aktion）的停顿中，在犹豫不决的时刻，行动主体会觉察到那个先于行动决定的、不可估量的空间。行动的完全偶然性只有在行动主体发出动作之前犹豫退缩的那一刻才体现出来。不懂得犹豫的行动决断是盲目的。它既看不到自己的影子，也看不到自我的另一面。犹豫虽然不是一种积极的作-为（Tat-Handlung），但它是行为本身的组成部分。将行动与劳动区分开来的不是更多的行动，而是停顿的能力。没有能力犹豫的人都是劳动者。

在《积极的生活》一书结尾，阿伦特出人意料地表达出对思的呼唤。她认为，思在现代发展中受到的损害可能最小，而现代发展正是导致"劳动动物之胜利"的罪魁祸首。虽然世界的未来不取决于思，而取决于"行动者的力量"，但思对于人类的未来并非无关紧要，因为在积极生活之诸多行动中，思是"最具行动性的"（tätigst），"行动之经验"在思中"得到最纯粹的表达"。它"在纯粹的行动性上"超越了"所有行动"。然而，阿伦特完全没有说清楚，为什么行动之经验恰恰是在思中得到最纯粹的表达呢？思到底是如何比最积极的行动更具行动性？思之所以是所有行动中最具行动性的，难道不正是因为它跨越了极高的高度和极深的深度，因为它冒险行至最远，因为它作为一种"集合-神庙领地"（Kon-Templation）[1]，将最广阔的空间与时间聚集在自身之中，即因为它是沉思的吗？

　　思是一种沉思的行动。它是沉思生活的一种表现形式。矛盾的是，阿伦特将其升格为一种在纯粹的行动性上超越了"积极生活"中所有其他行动的行动。在亚里士多德看来，思想行动之所以是一种神圣的行动，是因为它摆脱了一切行为，即因为它是沉思的："神被我们看作是最享得福祉的和幸福的。但我们可以把哪种行为归于它们呢？公正的行为？……还是勇敢的——为高尚而经受恐惧与危险的行为？……但是，如果把基于伦理德性和智慧的行动从生存者身上剔除……那么除了思想还剩下什么呢？因此，能够超越享受福祉中的神之行动的，必定是思的行动。"[2][37]

　　阿伦特引用加图的一句话作为书的结尾，西塞罗在《论共和国》（De re publica）中也提到了这句话："当一个人无

1　Kontemplation（沉思、静观）一词的前缀 kon- 多用于源自拉丁语的外来词，意为"共同""合"，或表示强调之意，而 Templation 极有可能源自拉丁语 templum，指预先划出的一片神秘区域，供鸟卜者观察鸟类的飞翔、鸣叫和捕食以确定未来，它在希腊语中的意思是"神庙领地"。作者用拆分后的意思呼应下文，着力表现"沉思"的广阔与深远。

2　译文参照亚里士多德：《尼各马可伦理学》，廖申白译注，北京，商务印书馆，2003 年，第 309~310 页。

所事事时，没有什么能比他此时更具行动性；当他一个人自处时，没有什么能比他感到更不孤独。"[38] 这句话实际上说的就是沉思的生活。阿伦特把它变成对积极生活的赞美，她显然没有意识到，这种"孤独"也是针对沉思的生活而言的，她把沉思的生活看作共同行动与行动者之力量的对立面。在引用这句话时，西塞罗明确呼吁他的读者远离"论坛"和"熙攘的人群"，回归沉思生活的孤独之中。因此，在引用加图的话后，他立即特地赞扬了沉思的生活。让一个人成其所是的不是积极的生活，而是致力于永恒与神圣的沉思的生活："然而，当一个人蔑视一切人类事物，视其为深藏于智慧之下的东西，除了永恒和神圣之外，他的思想从未被任何事物占据，那么，还有什么文臣武将、王公贵胄能比他更受人尊敬呢？这个人的内心会意识到，虽然其他所有人都可称其为人，但唯有那些在自身能力的基础上发展得更加优秀的人，才是真正的人。"在《积极的生活》一书的结尾，阿伦特无意中提到了"沉思的生活"。直到最后，她都没有意识到，正是因为丧失了沉思能力，人类才会沦为劳动的动物。

Ⅳ. 沉思的生活，或冥想的生活

> 你们都喜欢原始的劳动，
>
> 那些快速、新奇、陌生之物，
>
> 你们却承受不来。
>
> 你们的勤劳都用于逃避，用于努力遗忘自身。
>
> 倘若你们对生命多一点信仰，
>
> 就不会那么容易将自己抛诸眼下。
>
> 但你们实在是内里空空，
>
> 不足以去等待，甚至不足以去憔悴！
>
> ——弗里德里希·尼采

　　阿伦特在《积极的生活》中指出，思已成为少数人的特权。然而，正因如此，这些"少数人"如今没有变得更少。[39] 这一假设并不完全正确。思想家本已为数不多，如今却变得更加稀少，这或许是当今社会的一大特点。沉思的生活日益被边缘化，取而代之的是积极的生活。如今过度积极的不安、忙碌与不得安宁都不利于思。由于时间压力越来越大，思只会重复同样的事情。尼采早就抱怨过，他所处的

时代缺少伟大的思想家。他把这种贫乏恰恰归咎于"沉思
生活的退隐和对沉思生活偶尔的低估",归咎于这样一种情
况,即"工作和勤奋——以前是追随健康女神——时而就
像疾病一样肆虐"[1][40]。因为没有思的时间,没有平和的心
态,不同的意见都会被回避。人们开始憎恨它们。普遍的不
安使得思无法深入,无法远行,无法上升到真正与众不同的
高度。不是思支配时间,而是时间支配思。这使思变得短暂
易逝。它不再与持存之物交流。然而,尼采相信,"沉思的
天才强势回归"[41]将让这种抱怨销声匿迹。

　　深刻的思不可以任意使其加速。它与计算或单纯智力行
动的区别就在于此。它常常是装扮华丽的。这就是为什么康
德将敏锐和细腻称为"大脑的一种奢侈"[42]。智力行动只
承认需要和必要,而不承认偏离必要,甚至偏离必要的奢
侈。思具有超越计算的特殊时间性和空间性。它不是线性
的。思是自由的,因为它的地点和时间是无法计算的。它往
往是不连续的,而计算则遵循线性路径。这使得它可以精确
定位,原则上也可以随意加速。它也不会环顾四周。迂回或

1　译文引自尼采:《人性的,太人性的》,杨恒达译,第 193 页。

倒退是没有意义的。它们只会拖延计算步骤，而计算步骤只是一个劳动步骤。如今，思本身就类似于劳动。但劳动动物没有思的能力。要想进行深刻的思，即沉思，就必须有某种不是劳动的东西。"思索"（Sinnen，古高地德语 sinnan）一词最初的意思是"旅行"（Reisen）。它的路线是不可预计的或不连续的。计算之思并未"在路上"。

　　没有安宁，人们就看不到安宁之物。积极生活的绝对化将一切非行为、非活动的东西从生命中驱赶出去。普遍的时间压力摧毁了迂回和间接，世界因此变得形式贫乏。每一种形式、每一个形象都是一条弯路。只有赤裸裸的无形才是直接的。如果去掉语言的间接性，它就接近于喊叫或命令。友善和礼貌也建立在迂回和间接的基础上。相反，暴力则朝向直接。如果行走缺乏任何犹豫、停顿，它就会僵化为行军。在时间的压力下，任何矛盾纠结、不易区分、隐晦不明、难以判别、飘忽不定、复杂或可疑的东西，也都让位于笨拙的清晰。尼采曾指出，匆忙的劳动也会让人失去"为运动之旋律而设的耳朵和眼睛"。旋律本身就是一条弯路。只有单调才是直接的。旋律也是思的特征。缺乏任何迂回的思会变得贫乏，沦为计算。

积极生活是引发现代社会加速强制的重要因素。自近代以来，积极生活的强度不断增加，这对沉思的生活非常不利。人类沦为劳动动物，也可以看作是这一近代发展趋势的后果。对劳动和行动的强调都是基于近现代以来积极生活的优势地位。然而，阿伦特错误地将劳动与行动区分开来，她将劳动解读为对物种生命过程的消极参与。劳动将人贬低为劳动动物，而阿伦特的"行动"概念无法打破劳动的魔咒，因为这一概念源自"积极的生活"，而劳动的绝对化也根源于此。正如我们多次强调的那样，行动的决断和劳动的决断属于同一谱系。只有重新唤醒沉思的生命，才能使人摆脱劳动的强制。此外，劳动动物与理性动物也同宗同源。单纯智力行动就是劳动。但人之所以超越了动物，正是因为他拥有一种沉思的能力，这种能力使他能够与持存之物沟通，而持存之物并非一个物种。

有趣的是，海德格尔对沉思的生活关注甚少。对他来说，这仅仅意味着沉思的修道生活，与积极的生活，即世俗的、行动的生活相对立。海德格尔将沉思缩减为其理性要素，即以划分的方式，或说以分析的方式去观看[43]，然后将其与观察联系起来[44]。海德格尔从"追求"（Trachten）

的角度，从 *tractare*（希腊语，意为"加工、处理"）的角度去理解"沉思的生活"。他认为，追求某物，意味着"朝着某物工作、追究某物、追踪某物，以便确保某物"。据此看来，作为观察的沉思就是"对现实的有所追踪和有所确保的加工"，是"对现实的一种极具干预性的加工"[45]。可以说，它是一种劳动。尽管海德格尔的沉思接近于神秘主义，但他并没有论及沉思的神秘维度，根据他的论述，沉思是在充满爱的倾听之中驻留于上帝，它不具备海德格尔所说的划分与确保之意向性。在神秘的合一（*unio mystica*）中，划分与隔离完全被取消。

托马斯·阿奎那认为，沉思的生活是一种使人更加完美的生活方式："在沉思的生活中，人的思想、情感和行为都会变得更加完美。"[46] 当生命失去每一个沉思的时刻时，它就变成了贫乏的劳动，变成了单纯的交易。沉思的驻留打断了劳动的时间："劳动和活动在时间中是完全一样的。"[47]与阿伦特的论断不同，基督教传统中并没有片面强调沉思生活的价值。正如埃克哈特大师（Meister Eckhart）一样，其目的更多的是在"积极的生活"与"沉思的生活"之间进行调和。格雷戈尔（Gregor）还写道："人们必须知道：如果一份好的生活计划要求我们从行动的生活转向沉思的生活，那么灵魂从沉思的生活回到行动的生活往往是有益的，这样才能使心中燃起的沉思之火在行动中得到充分的完善。因此，积极的生活必须引导我们去沉思，而沉思则必须从我们内心所沉思的东西出发，并召唤我们回到行动中去。"[48]没有行动的沉思生活是盲目的，而没有沉思的积极生活是空洞的。

海德格尔的晚期哲学本身就由沉思的情绪（Stimmung）主导。《乡间路》就如同一种"沉思的生活"。在这条路上，你哪儿也去不了，只能徘徊沉思。海德格尔提到埃克哈特大师并非巧合："驻留于乡间路周围的一切生长事物的浩瀚之境捐献出世界。在其语言的未被言说之物中，正如古代阅读大师和生活大师埃克哈特所言，上帝才是上帝。"[1][49]通过谈论"古代阅读大师和生活大师"，海德格尔指出了将"积极的生活"与"沉思的生活"进行中介的必要性。海德格尔把"沉思"或"沉思之思"作为对抗劳动这种计算之思的公式。他在《科学与思义》（"Wissenschaft und

---

1　译文参照《海德格尔文集：从思想的经验而来》，孙周兴、杨光、余明锋译，第100页。

Besinnung"）中写道："不过，沉思的贫困乃是对一种财富的允诺，这种财富的宝藏在那种绝不能得到清算的无用之物的光辉中闪耀。"[50] 只有当思在劳动中停顿，沉思才能开始。只有在停顿的时刻，思才能穿越先于"教育"[51] 而存在的空间。[52] 只有沉思才能接触到那不是图像、不是表象，而是准允其显现的东西。在"对值得怀疑之物的泰然任之"中，沉思让自己参与到那无法快速进入的漫长与迟缓之物中。它将目光提升至超越劳动所针对的在手之物和上手之物，从而使目光得到拓展。手在抓握的地方停顿了一下，在犹豫的地方，一种广阔性进入了它。因此，海德格尔谈到"一只停留在另一个人身上的手，在这只手中聚集着一种接触，这种接触远不是什么摸弄"[53]。只有在犹豫中，这只手才能展开一个无比巨大的空间。犹豫的手"穿过那从遥远处乃至更远处传来的召唤着的呼喊声，因为它是从那寂静中传来的"[54]。只有在停顿中犹豫地"后退"，才能知觉那"寂静"，这种"寂静"在面对劳动过程的线性进展时将自己闭锁。只有"后退"才能宣告"走近"（Gehen-an-sich）。海德格尔反复提到这种沉思的"悬隔"（*epoché*）："'逗留'（weilen）意味着'持续'（währen），寂静持存（still bleiben），自在而且停止（an sich und innehalten），也就是说，在宁静中。歌德在一个美丽的诗句中写道：'小提琴停顿，舞者静存。'"[1][55]。在舞者暂停动作的那一刻，他开始察觉到整个空间。这种犹豫的逗留是开始一段全然不同的舞蹈的前提。

那"停留之手"是放弃暴力接触的呵护之手。"呵护"（schonen）一词可以追溯到中古高地德语 schône，它也有"友善"之意。沉思的驻留是一种友善实践。它任由事情发生，准允它们，而不加以干预。缺乏沉思维度的行动的生活是无法做到友善呵护的。它表现为加速的制造和摧毁。它消耗时间。即使在闲暇时间，它仍然受到劳动的强迫，人们与时间没有其他关系。物被摧毁，时间被消磨。沉思的驻留则给予时间。它扩展了存在，而存在（Sein）比"在行动"（Tätig-Sein）更有意义。当生命重获沉思的能力时，它就获得了时间和空间、持存性与宽度。

如果生命中的每一个沉思元素都被驱除，那么生命就会以致命的过度积极而告终。人们会在本己的"做"中窒息。

---

1 译文参照《海德格尔文集：根据律》，张柯译，北京，商务印书馆，2016 年，第 270 页。

我们有必要让"沉思的生活"复苏，因为它会打开呼吸的空间。也许精神本身的产生就要仰仗充沛的时间，仰仗一种闲暇，甚至呼吸的迟缓。我们也有可能重新解释 *pneuma* 一词，它原本既指呼吸，也指精神。没有呼吸的人就没有精神。劳动民主化之后，闲暇也必须民主化，以免成为所有人的奴隶。尼采也曾写道："由于缺少安宁，我们的文明将慢慢在一种新的野蛮中结束。行动者，也就是说不安分的人，任何时候都没有如此具有价值。因此，大量加强沉思成分属于对人性进行的必要修正。"[1] [56]

1　译文参照尼采：《人性的，太人性的》，杨恒达译，第 194 页。

注　释

非-时间

[1] 尼采：《查拉图斯特拉如是说》（*Also sprach Sarathustra*），见《尼采全集》（考订研究版），第 1 卷，第 6 部分，柏林，1968 年，第 14 页。

[2] 同上书，第 89 页。

[3] 参阅海德格尔：《存在与时间》（*Sein und Zeit*），图宾根，1993 年，第 384 页。"只有自由的为死存在才将目标完全给予此在，并将生存推向其有终性。耽于享乐、玩世不恭、自欺欺人等现成的、近便的可能性林林总总、无穷无尽，而当此在抓住生存的有终性，这种有终性就将其从那无穷尽的各色可能性中拉回，并带入其命运的单纯境界之中。"

[4] 尼采：《查拉图斯特拉如是说》，第 89 页。

[5] 参阅海德格尔：《存在与时间》，第 126 页以下。"在利用公共交通工具的情况下，在运用通信设施（报纸）的情况下，每一个他人都和其他人一样。……常人怎样享乐，我们就怎

样享乐；常人对文学艺术怎样阅读怎样判断，我们就怎样阅读怎样判断。"

[6] 同上书，第 383 页。

[7] 同上书，第 386 页。

[8] 同上书，第 391 页。

[9] 哈特穆特·罗萨（Hartmut Rosa）在其专著《加速：现代社会中时间结构的改变》（*Beschleunigung. Die Veränderung der Zeitstrukturen in der Moderne*，法兰克福，2005 年）中遵循这一简单思路。

[10] 阿多诺：《最低限度的道德》（*Minima Moralia*），法兰克福，1986 年，第 217 页。

[11] 普鲁斯特：《去斯万家那边》（*In Swanns Welt*），德语版，伊娃·雷切尔-梅尔腾斯（E. Rechel-Mertens）译，法兰克福，1997 年，第 11 页。

[12] 同上书，第 12 页。

[13] 同上书，第 10 页。

[14] 罗萨：《加速》，第 474 页。

无香的时间

[1] 参阅莱因哈特·科泽勒克（Reinhart Koselleck）：《过去的未来：论历史时间的语义学》（*Vergangene Zukunft. Zur Semantik geschichtlicher Zeiten*），法兰克福，1979 年，第 71 页。"正如恒星在其轨道上的运行与地球上的人无关，但还是影响甚至决定着人们一样，自 17 世纪以来，政治革命的概念也具有

这种双重含义：革命的发生虽然无关乎参与革命者，但所有相关者始终……受革命的法则约束。"

[2] 《罗伯斯庇尔全集》，马克·布卢瓦索（M. Bouloiseau）编，第 9 卷，巴黎，1958 年，第 495 页。

[3] 《当代社交词典》（*Conversations-Lexikon der Gegenwart*），第 1 卷，词条"铁路"（Eisenbahnen），莱比锡，1838 年，第 1136 页。

[4] 转引自科泽勒克：《时间层次：历史学研究》（*Zeitschichten. Studien zur Historik*），法兰克福，2000 年，第 192 页。

[5] 格奥尔格·毕希纳（Georg Büchner）：《丹东之死》（*Dantons Tod*），见《毕希纳作品和书信集》（*Werke und Briefe*），慕尼黑，1965 年，第 58 页。

[6] 参阅让·鲍德里亚（Jean Baudrillard）：《千禧年不会发生》（*Das Jahr 2000 findet nicht statt*），柏林，1990 年，第 18 页。"音响设备出现之前的音乐，我们再也听不到了……新闻和媒体出现之前的历史，我们再也无法想象了。（音乐的、社会的……）源始本质、（无意识者的、历史的）源始概念已然消失，因为它们再也无法与其完美模式分离。……我们再也无从知晓，历史在发展为技术上至臻至善的信息之前是什么样子了。"

历史的速度

[1] 鲍德里亚：《终结的幻想，或事件的罢工》（*Die Illusion des Endes oder Der Streik der Ereignisse*），柏林，1994 年，第 9 页。

[2]   同上书，第 10 页。

[3]   鲍德里亚：《千禧年不会发生》，第 11 页以下。

[4]   罗萨：《加速》，第 41 页。

[5]   同上书，第 153 页。

[6]   同上书，第 479 页。

[7]   参阅上书，第 87 页。"对静止状态的经验看上去不仅与对加
       速中的变化速度和行为速度的感知同时出现，而且完全就是
       它的背面，两种经验互为补充。"

[8]   罗萨：《加速》，第 78 页。

[9]   参阅约亨·梅克（Jochen Mecke）：《小说时间：当代法语小
       说时态与解构》（*Roman-Zeit. Zeitformen und Dekonstruktion
       des französischen Romans der Gegenwart*），图宾根，1990 年。

[10]   米歇尔·布托尔（Michel Butor）：《时间表》（*Der Zeitplan*），
       德语版，赫尔穆特·舍费尔（H. Scheffel）译，慕尼黑，1960
       年，第 349 页。

从行进时代到飞驰时代

[1]   齐格蒙特·鲍曼（Zygmunt Bauman）：《漫游者、玩家与观光
       客：后现代生活形式论文集》（*Flaneure, Spieler und Touristen.
       Essays zu postmodernen Lebensformen*），汉堡，1997 年，第
       140 页。

[2]   同上书，第 142 页。

[3]   《当代社交词典》，第 1 卷，词条"铁路"，第 1136 页。

[4]   鲍曼：《漫游者、玩家与观光客》，第 140 页。

[5]　罗萨:《加速》,第 157 页以下。

[6]　同上书,第 328 页。

[7]　同上书,第 218 页。

散发香气的时间晶体

[1]　普鲁斯特:《追忆似水年华》(*A la recherche du temps perdu*),
　　　第 15 卷,《重现的时光》(*Le temps retrouvé*),伽利玛出版
　　　社,巴黎,1927 年,第 35 页。

[2]　普鲁斯特:《追忆似水年华》,第 13 卷,《失踪的阿尔贝蒂
　　　娜》(*Albertine disparue*),第 91 页。

[3]　同上书,第 276 页。

[4]　对味道的感知必然包含气味和香气。茶的味道主要就是茶香。
　　　由于气味源和嗅觉感官之间的距离很近,人们对从味蕾扩散
　　　开来的气味感觉特别强烈。

[5]　普鲁斯特:《去斯万家那边》,德语版,第 63 页以下。

[6]　普鲁斯特:《重现的时光》,第 15 页。

[7]　普鲁斯特对涌上心头的幸福感是这样解释的:"然而,当我
　　　将各式各样极乐的感受进行比较时,我猜测到了其中原因,
　　　它们的共同点在于,我同时在当下的瞬间和某个遥远的瞬间
　　　感受到它们,直到过去与当下交叠,我顷刻间变得恍惚,不
　　　再确定自己到底置身于过去还是当下……"(《重现的时光》,
　　　德语版,伊娃·雷切尔-梅尔腾斯译,法兰克福,1984 年,
　　　第 263 页)

[8]　普鲁斯特:《追忆似水年华》,第 1 卷,《去斯万家那边》(*Du*

côté de chez Swann），第 119 页。

[9]　普鲁斯特：《重现的时光》，第 12 页。

[10]　同上书，第 35 页。

[11]　同上书，第 15 页。

[12]　普鲁斯特：《去斯万家那边》，第 67 页。

[13]　同上书，第 66 页以下。

[14]　马歇尔·麦克卢汉（Marshall McLuhan）：《理解媒介：论人的延伸》（*Understanding Media. The Extensions of Men*），杜塞尔多夫 / 维也纳，1968 年，第 159 页。

[15]　普鲁斯特：《重现的时光》，德语版，第 279 页。

[16]　普鲁斯特：《重现的时光》，第 14 页。

[17]　普鲁斯特：《重现的时光》，德语版，第 483 页。

[18]　同上书，第 289 页。

[19]　同上书，第 288 页以下。

天使的时间

[1]　让-弗朗索瓦·利奥塔（Jean-François Lyotard）：《非人》（*Das Inhumane*），维也纳，1989 年，第 163 页。

[2]　同上。

[3]　同上书，第 155 页。

[4]　同上书，第 153 页。

[5]　利奥塔：《后现代道德》（*Postmoderne Moralitäten*），维也纳，1998 年，第 207 页。

[6]　同上。

[7]　同上书，第 209 页。

[8]　同上。

[9]　利奥塔：《非人》，第 155 页。

散发香气的时钟：关于古代中国的外一篇

[1]　如意的字面意思是"万事如意"。它是由木头、玉石或象牙
制成的装饰华丽的权杖形器物，据说能给拥有者带来幸运、
长寿和富足。同时，它也可以指挠背工具。

[2]　转引自弗朗索瓦·朱利安（François Jullien）：《淡之颂》，
柏林，1999 年，第 81 页。

[3]　西尔维奥·A. 贝迪尼（Silvio A. Bedini，历史与技术博物馆
机械与土木工程分部馆长）的一份精确记录才让西方注意到
这种远东的计时方法。参阅贝迪尼：《时间的香气：关于东
方国家以火与香计时之方法的研究》（"The Scent of Time. A
Study of the Use of Fire and Incense for Time Measurement in
Oriental Countries"），载《美国哲学会汇刊》（*Transactions
of The American Philosophical Society*），第 53 期，第 5 部分，
1963 年。麦克卢汉显然也知晓这项深入的研究。参阅麦克卢
汉：《理解媒介》，伦敦，1964 年，第 145 页以下。

[4]　转引自贝迪尼：《时间的香气：东亚熏香计时法》（*The Scent of
Time. A Study of the Use of Fire and Incense for Time Measurement
in Oriental Countries*），剑桥，1994 年，第 103 页。

[5]　所谓公案（Kôan），是指禅师用于启迪弟子修行的、简洁精
辟而又时常令人难以捉摸的言辞。

[6]   参阅贝迪尼：《时间的香气》，第 108 页。

[7]   参阅上书，第 69 页。

[8]   转引自上书，第 130 页。

[9]   转引自上书，第 121 页。

[10]   转引自上书，第 136 页。

[11]   转引自上书，第 137 页。

[12]   《无门关：无门慧开禅师四十八则公案集》（*Mumonkan: Die Schranke ohne Tor. Meister Wu-men's Sammlung der achtundvierzig Kôan*），杜默林（H. Dumoulin）译注，美因茨，1975 年，第 85 页。

世界的圆舞

[1]   海德格尔：《存在与时间》，第 105 页。

[2]   海德格尔：《在通向语言的途中》（*Unterwegs zur Sprache*），普富林根，1959 年，第 169 页。

[3]   海德格尔：《荷尔德林诗的阐释》（*Erläuterungen zu Hölderlins Dichtung*），见《海德格尔全集》，第 4 卷，法兰克福，1981 年，第 25 页。

[4]   海德格尔：《存在与时间》，第 347 页。

[5]   海德格尔：《形而上学的基本概念：世界–有限性–孤独》（*Die Grundbegriffe der Metaphysik. Welt–Endlichkeit–Einsamkeit*），见《海德格尔全集》，第 29/30 卷，法兰克福，1983 年，第 115 页。

[6]   海德格尔：《哲学论稿》（*Beiträge zur Philosophie*），见《海

德格尔全集》，第 65 卷，法兰克福，1989 年，第 121 页。

[7]　海德格尔:《形而上学的基本概念》，第 195 页。

[8]　参阅海德格尔:《存在与时间》，第 391 页。"它（即常人）一面期待着切近的新东西，一面也已经忘却了旧的。……非本真地具有历史的生存……背负着对其自身来说已成为不可认识的'过去的'遗物，去寻求摩登的东西。"

[9]　同上书，第 389 页。

[10]　同上书，第 390 页。

[11]　同上书，第 410 页。

[12]　海德格尔:《乡间路》(Der Feldweg)，见《从思想的经验而来》(Aus der Erfahrung des Denkens)，《海德格尔全集》，第 13 卷，法兰克福，1983 年，第 87~90 页。此处：第 90 页。

[13]　海德格尔:《乡间路上的谈话》(Feldweg–Gespräche)，见《海德格尔全集》，第 77 卷，法兰克福，1995 年，第 4 页。

[14]　海德格尔:《从思想的经验而来》，第 221 页。

[15]　同上书，第 88 页。

[16]　海德格尔:《演讲与论文集》(Vorträge und Aufsätze)，见《海德格尔全集》，第 7 卷，法兰克福，2000 年，第 182 页。

[17]　海德格尔:《从思想的经验而来》，第 86 页。

橡木的气味

[1]　海德格尔:《从思想的经验而来》，第 89 页。

[2]　同上书，第 153 页。

[3]　海德格尔:《演讲与论文集》，第 179 页以下。

[4] 　 海德格尔：《从思想的经验而来》，第88页。

[5] 　 海德格尔思想依赖于示例的选择或语言的特性（如韵律、发音或词源），这是很成问题的。如果人们从这一层面涉足他的思想，其脆弱性就会暴露无遗，它很容易被解构。比如"壶"（Krug）远比"罐"（Kanne）更适合用来形象地说明"物"之理论或神学，尤其是因为其语言上的特征。单从发音上来看，Krug这个词（中间是一个闭合式元音，末尾是一个起闭锁作用的辅音）就已经显示出一种封闭性，而Kanne一词（中间是一个开放式元音，末尾则是另一个元音）则缺少这种封闭性。因为其封闭性，Krug实实在在地将空气留在其中。此外，Kanne的词源（拉丁语 *canna*，即Kanal，意为"渠道"或"运河"）则没有像Krug一般透露出"留住"之意。相反，它指向的是流动或流逝。不仅在语言层面，Krug在形象上也比Kanne更具封闭之感，它通常越往上收口越窄。此外，德语中的固定短语 volle Kanne（字面意为"满满的罐子"，口语中用来表达"全力"或"全速"之意）也使Kanne一词不适合用来形象地表达沉思的安宁与泰然，而这些正是海德格尔晚期哲学的本质特征。

[6] 　 海德格尔：《演讲与论文集》，第153页。

[7] 　 海德格尔：《路标》（*Wegmarken*），法兰克福，1978年，第191页。

[8] 　 海德格尔：《从思想的经验而来》，第89页。

[9] 　 1950年6月15日，海德格尔在慕尼黑发表题为"论物"（"Über das Ding"）的演讲，《时代周报》紧接着就刊登了一篇文章，文中提到："海德格尔身后的墙上挂着一个巨大的

罗马十字架，从这个角度看上去，会场里的大多数人都觉得海德格尔立于基督脚下。"

[10]　海德格尔：《根据律》（*Der Satz vom Grund*），见《海德格尔全集》，第 10 卷，法兰克福，1997 年，第 186 页。

[11]　海德格尔：《从思想的经验而来》，第 90 页。

[12]　尽管伊曼努尔·列维纳斯（Emmanuel Lévinas）与海德格尔有种种不同，但他的他者形而上学却建立在与海德格尔思想类似的时间实践上。他运用的是与海德格尔完全相同的时间形象："时间的消极综合（体），即耐心，是没有预期目标的等待，是麻木了的等待，令其变得麻木的是那些特定的预期以及根据把握度和预先领会度而获得的不同程度的满足。等待的时间，即比任何与行动相关的消极性都更为消极的耐心，等待着不可思议之物。［列维纳斯：《论来到观念的上帝》（*Wenn Gott ins Denken einfällt*），弗莱堡／慕尼黑，1985 年，第 92 页以下］这种不可思议之物即为他者，它避开一切占有、一切当下化，时间上它处于未来之中。未来是无从把握的，它侵袭、强占我们。未来，这就是他者。［列维纳斯：《时间与他者》（*Die Zeit und der Andere*），汉堡，1984 年，第 48 页］

[13]　海德格尔：《什么叫思想？》（*Was heißt Denken?*），图宾根，1984 年，第 52 页。

[14]　海德格尔：《哲学论稿》，第 395 页。

[15]　海德格尔：《荷尔德林的颂歌〈追忆〉》（*Hölderlins Hymne,, Andenken"*），见《海德格尔全集》，第 52 卷，法兰克福，1982 年，第 171 页。

[16]　海德格尔：《路标》，第 106 页。

[17]   海德格尔:《从思想的经验而来》,第89页。

[18]   在晚期海德格尔那里,劳动被赋予了负面的含义。海德格尔说:"单纯的劳动是无稽之谈,这种劳动本身只会助长虚无。"(海德格尔:《从思想的经验而来》,第89页以下)

[19]   海德格尔:《从思想的经验而来》,第90页。

[20]   阿多诺:《最低限度的道德:对受损生活的反思》(*Minima Moralia. Reflexionen aus dem beschädigten Leben*),见《阿多诺著作集》,第4卷,第98页。

[21]   同上。

深度无聊

[1]   海德格尔:《形而上学的基本概念》,第103页。

[2]   同上书,第115页。

[3]   同上书,第243页。

[4]   同上书,第244页。

[5]   同上书,第218页。

[6]   同上书,第212页。

[7]   同上书,第223页以下。

[8]   同上书,第226页。

[9]   同上书,第120页。

[10]   海德格尔:《家乡晚会致辞:700年古城梅斯基希》(*Ansprache zum Heimatabend. 700 Jahre Stadt Meßkirch*),梅斯基希,1962年,第13页。

[11]   海德格尔:《哲学论稿》,第121页。

[12]　海德格尔:《乡间路上的谈话》，第 153 页。

[13]　海德格尔:《泰然任之》(*Gelassenheit*)，普富林根，1959 年，第 26 页。

沉思的生活

[1]　参阅《海德格尔与阿伦特通信集》(*Hannah Arendt/Martin Heidegger. Briefe 1925—1975*)，法兰克福，2002 年，第 184 页。

[2]　亚里士多德:《政治学》(*Politik*)，贝克尔编码 1333a。

[3]　亚里士多德:《尼各马可伦理学》(*Nikomachische Ethik*)，贝克尔编码 1095b。

[4]　同上书，贝克尔编码 1338b。

[5]　康德也将"敏锐"(Scharfsinnigkeit，拉丁语 *acumen*)，即精神的极度敏感和"精细"(Feinsinnigkeit)与需求层面的知性活动 (Verstandestätigkeit)区分开来。它不是依循需求的劳动，而是"大脑的一种奢侈"。[康德:《实用人类学》(*Anthropologie in pragmatischer Hinsicht*)，见《康德著作全集》(科学院版)，第 7 卷，第 201 页] 精神并未在劳动和工作中耗尽，它本身就像大自然一样"盛开"，大自然"在它的花朵上显得更多地是在做游戏，而在果实上则显得是在做工作"。因此，我们可以说认识就是一种自在游戏的思想所结出的有益果实。单凭贫苦和劳动是不会结出这些果实的。

[6]　奥古斯丁:《上帝之城》(*De civitate Dei*)，第 19 卷，第 19 节。

[7] 托马斯·阿奎那（Thomas Aquin）:《神学大全》（第2卷）（*Summa theologica II*），第2部，第182题。

[8] 马克斯·韦伯（Max Weber）:《宗教社会学文集》（*Gesammelte Aufsätze zur Religionssoziologie*），第1卷，图宾根，1920年，第108页。

[9] 同上书，第171页。

[10] 转引自上书第168页。

[11] 同上书，第190页。

[12] 《马克思恩格斯全集》，第40卷，第564页。

[13] 汉娜·阿伦特（Hannah Arendt）:《积极的生活，或行动的生活》（*Vita activa oder Vom tätigen Leben*），慕尼黑，1981年，第14页。

[14] 海德格尔:《从思想的经验而来》，第89页。

[15] 黑格尔:《精神现象学》（*Phänomenologie des Geistes*），见 E. 莫尔登豪尔、K. M. 米歇尔（E. Moldenhauer u. K. M. Michel）编《黑格尔著作集》（共20卷），第3卷，法兰克福，1970年，第23页。

[16] 亚历山大·科耶夫（Alexandre Kojève）:《黑格尔思想的当下化》（*Hegel. Eine Vergegenwärtigung seines Denkens*），法兰克福，1975年，第71页。

[17] 同上书，第61页。

[18] 《马克思恩格斯全集》，第40卷，第574页。

[19] 格奥尔格·西美尔（Georg Simmel）:《怠惰形而上学》（*Metaphysik der Faulheit*），载《青年：慕尼黑艺术与生活插画周刊》，第5发行年度，第20期。

[20]　马克思：《政治经济学批判手稿》(*Grundrisse der Kritik der politischen Ökonomie*)，见《马克思恩格斯全集》，第 42 卷，第 599 页。

[21]　马克思在《德意志意识形态》中写道："这些个人把自己和动物区别开来的第一个历史行动不在于他们有思想，而在于他们开始生产自己的生活资料。"(《马克思恩格斯全集》，第 5 卷，第 568 页)

[22]　阿伦特：《积极的生活》，第 123 页。

[23]　阿伦特：《积极的生活》，第 27 页。阿伦特显然没有意识到，尼采也是一位沉思的天才。

[24]　同上书，第 26 页。

[25]　同上书，第 25 页。

[26]　阿奎那：《神学大全》(第 2 卷)，第 2 部，第 180 题，第 6 节。

[27]　阿伦特：《积极的生活》，第 317 页。

[28]　同上书，第 315 页。

[29]　同上书，第 316 页。

[30]　尼采也认为，缺乏创造力的恰恰是行动中的人。他在一则箴言中写道："诚然，他（即更高级的人）作为诗人，必须拥有沉思力(*vis contemplativa*)，能回望自己的作品，但同时更要先拥有创造力(*vis creativa*)，而这正是行动中的人所缺少的，无论表象如何，无论世人怎么说。"[尼采：《快乐的科学》(*Fröhliche Wissenschaft*)，见《尼采全集》(考订研究版)，第 5 部分，第 2 卷，柏林，1973 年，第 220 页]

[31]　阿伦特：《积极的生活》，第 410 页。

[32]　同上书，第 411 页。

[33] 尼采:《人性的，太人性的》(第1卷)(*Menschliches, Allzumenschliches* I)，见《尼采全集》(考订研究版)，第4部分，第2卷，柏林，1967年，第235页。

[34] 海德格尔:《在通向语言的途中》，第159页。

[35] 阿伦特:《积极的生活》，第303页。

[36] 同上书，第315页。

[37] 亚里士多德:《尼各马可伦理学》，贝克尔编码1178b。

[38] 阿伦特:《积极的生活》，第415页，以及马尔库斯·图利乌斯·西塞罗(Marcus Tullius Cicero):《论共和国》(*De re publica*)，W. 松特海默尔(W. Sontheimer)译，第1章，第17节。

[39] 阿伦特:《积极的生活》，第414页。

[40] 尼采:《人性的，太人性的》，第1卷，第234页以下。

[41] 同上书，第235页。

[42] 康德:《实用人类学》，见《康德著作集》(共20卷)，第10卷，W. 魏施德(W. Weischedel)编，达姆施塔特，1983年，第512页。

[43] 海德格尔:《演讲及论文集》，第48页。

[44] 海德格尔在论证过渡时经常提到语言学上的词义:"*contemplatio* 的德文翻译是 Betrachtung。"(同上)

[45] 同上书，第49页。

[46] 阿奎那:《神学大全》(第2卷)，第2部，第180题，第4节。

[47] 埃克哈特大师(Meister Eckhart):《德语著作集》(*Die deutschen Werke*)，见《德语与拉丁语著作集》(*Die deutschen und lateinischen Werke*)，约瑟夫·昆特(Josef Quint)编，第3卷，斯图加特，1976年，第485页。

[48] 转引自阿洛伊斯·玛利亚·哈斯（Alois M. Haas）：《评14 世纪多米尼克派神秘主义中的沉思生活与积极生活》（"Die Beurteilung der Vita contemplativa und activa in der Dominikanermystik des 14. Jahrhunderts"），见布瑞恩·维克斯（B. Vickers）编《劳动·闲暇·沉思》（*Arbeit Musse Meditation*），苏黎世，1985 年，第 109~131 页。此处：第 113 页。

[49] 海德格尔：《从思想的经验而来》，第 89 页。

[50] 海德格尔：《演讲与论文集》，第 64 页以下。

[51] "'教育'（bilden）一词首先意味着：提出一个榜样（Vor-bild）和制定一条规章（Vor-Schrift）。进而还意味着：使预先确定的资质成形。教育把一个榜样带到人的面前，人根据这个榜样来构成他的所作所为。……相反，唯有沉思才将我们带上通往我们驻留之所的道路。"（海德格尔：《演讲与论文集》，第 64 页）

[52] 参阅海德格尔：《演讲与论文集》，第 63 页。"通过如此这般被理解的沉思，我们特别地到达那个我们不曾经验也不曾看透，但长久以来一直驻留的地方。在这样的沉思中，我们走向一个地方，由此出发，一个空间才得以敞开自身，我们各自的所为所不为都从该空间穿过。

[53] 海德格尔：《在通向语言的途中》，第 104 页以下。

[54] 参阅海德格尔：《荷尔德林的颂歌〈追忆〉》，第 171 页。"胆怯之犹豫是有所期待的导向忍耐的坚定性；犹豫是久已坚定的导向迟缓的勇气，犹豫是克制。"

[55] 海德格尔：《根据律》，第 186 页。

[56] 尼采：《人性的，太人性的》，第 1 卷，第 236 页。

附录　韩炳哲著作年谱

Heideggers Herz. Zum Begriff der Stimmung bei Martin Heidegger.

Wilhelm Fink, Paderborn 1996.

《海德格尔之心：论马丁·海德格尔的情绪概念》

Todesarten. Philosophische Untersuchungen zum Tod.

Wilhelm Fink, Paderborn 1998.

《死亡类型：对死亡的哲学研究》

Martin Heidegger. Eine Einführung.

UTB, Stuttgart 1999.

《马丁·海德格尔导论》

Tod und Alterität.

Wilhelm Fink, Paderborn 2002.

《死亡与变化》

Philosophie des Zen-Buddhismus.

Reclam, Stuttgart 2002.

《禅宗哲学》（陈曦译，中信出版社，2023 年）

Hyperkulturalität. Kultur und Globalisierung.

Merve, Berlin 2005.

《超文化：文化与全球化》（关玉红译，中信出版社，2023 年）

Was ist Macht?

Reclam, Stuttgart 2005.

《什么是权力？》（王一力译，中信出版社，2023 年）

Hegel und die Macht. Ein Versuch über die Freundlichkeit.

Wilhelm Fink, Paderborn 2005.

《黑格尔与权力：通过友善的尝试》

Gute Unterhaltung. Eine Dekonstruktion der abendländischen Passionsgeschichte.

Vorwerk 8, Berlin 2006; Matthes & Seitz, Berlin 2017.

《娱乐何为：西方受难史之解构》（关玉红译，中信出版社，2019 年）

Abwesen. Zur Kultur und Philosophie des Fernen Ostens.

Merve, Berlin 2007.

《不在场：东亚文化与哲学》（吴琼译，中信出版社，2023 年）

Duft der Zeit. Ein philosophischer Essay zur Kunst des Verweilens.

Transcript, Bielefeld 2009; 2015.

《时间的香气：驻留的艺术》（吴琼译，中信出版社，2024 年）

Müdigkeitsgesellschaft.

Matthes & Seitz, Berlin 2010; 2016.

《倦怠社会》（王一力译，中信出版社，2019 年）

Shanzhai. Dekonstruktion auf Chinesisch.

Merve, Berlin 2011.

《山寨：中国式解构》（程巍译，中信出版社，2023 年）

Topologie der Gewalt.

Matthes & Seitz, Berlin 2011.

《暴力拓扑学》（安尼、马琰译，中信出版社，2019 年）

Transparenzgesellschaft.

Matthes & Seitz, Berlin 2012.

《透明社会》（吴琼译，中信出版社，2019 年）

Agonie des Eros.

Matthes & Seitz, Berlin 2012.

《爱欲之死》（宋娀译，中信出版社，2019 年）

Bitte Augen schließen. Auf der Suche nach einer anderen Zeit.

Matthes & Seitz, Berlin 2013.

《请闭上眼睛：寻找另一个时代》

Im Schwarm. Ansichten des Digitalen.

Matthes & Seitz, Berlin 2013.

《在群中：数字景观》（程巍译，中信出版社，2019 年）

Digitale Rationalität und das Ende des kommunikativen Handelns.
Matthes & Seitz, Berlin 2013.
《数字理性和交往行为的终结》

Psychopolitik: Neoliberalismus und die neuen Machttechniken.
S. Fischer, Frankfurt 2014.
《精神政治学：新自由主义与新权力技术》（关玉红译，中信出版社，2019年）

Die Errettung des Schönen.
S. Fischer, Frankfurt 2015.
《美的救赎》（关玉红译，中信出版社，2019 年）

Die Austreibung des Anderen: Gesellschaft, Wahrnehmung und Kommunikation heute.
S. Fischer, Berlin 2016.
《他者的消失：现代社会、感知与交际》（吴琼译，中信出版社，2019 年）

Close-Up in Unschärfe. Bericht über einige Glückserfahrungen.
Merve, Berlin 2016.
《模糊中的特写：幸福经验报告》

Lob der Erde. Eine Reise in den Garten.
Ullstein, Berlin 2018.
《大地颂歌：花园之旅》（关玉红译，中信出版社，2024 年）

Vom Verschwinden der Rituale. Eine Topologie der Gegenwart.
Ullstein, Berlin 2019.
《仪式的消失：当下的世界》（安尼译，中信出版社，2023 年）

Kapitalismus und Todestrieb. Essays und Gespräche.

Matthes & Seitz, Berlin 2019.

《资本主义与死亡驱力》（李明瑶译，中信出版社，2023 年）

Palliativgesellschaft. Schmerz heute.

Matthes & Seitz, Berlin 2020.

《妥协社会：今日之痛》（吴琼译，中信出版社，2023 年）

Undinge: Umbrüche der Lebenswelt.

Ullstein, Berlin 2021.

《非物：生活世界的变革》（谢晓川译，东方出版中心，2023 年）

Infokratie. Digitalisierung und die Krise der Demokratie.

Matthes & Seitz, Berlin 2021.

《信息统治：数字化与民主危机》

Vita contemplativa: oder von der Untätigkeit.

Ullstein, Berlin 2022.

《沉思的生活，或无所事事》（陈曦译，中信出版社，2023 年）

Die Krise der Narration.

Matthes & Seitz, Berlin 2023.

《叙事的危机》（李明瑶译，中信出版社，2024 年）